Hans-Peter Apelt
Mary L. Apelt

Deutsch
als
Fremdsprache

Lehr- und
Arbeitsbuch für
die Grundstufe

pl *deutsch*
1

Max Hueber Verlag

Zeichnungen von Marlene Pohle, Stuttgart

Die Autoren danken Frau Maria Silvia Lorenzo für zahlreiche Hinweise und Anregungen. Besonderer Dank der Autoren gilt Herrn Dietmar Breitkopf, der den ersten Entwurf des Buches gefördert und mit vielen Hinweisen und Anregungen begleitet hat.

Mit Unterstützung durch das

GOETHE-INSTITUT BUENOS AIRES

Materialien zu *plus deutsch* Band 1

2 Cassetten mit Texten, Dialogen, Hörverstehensübungen – ISBN 3-19-017221-8
2 CDs mit Texten, Dialogen, Hörverstehensübungen – ISBN 3-19-027221-2
Lehrerhandbuch mit Arbeitshinweisen, den Texten der Hörverstehensübungen und Tests – ISBN 3-19-037221-7
Glossar Englisch – ISBN 3-19-047221-1

Ⓡ Dieses Werk folgt der seit dem 1. August 1998 gültigen Rechtschreibreform. Ausnahmen bilden Texte, bei denen künstlerische, philologische oder lizenzrechtliche Gründe einer Änderung entgegenstehen.

Das Werk und seine Teile sind urheberrechtlich geschützt.
Jede Verwertung in anderen als den gesetzlich zugelassenen
Fällen bedarf deshalb der vorherigen schriftlichen
Einwilligung des Verlages.

E 3. 2. 1. | Die letzten Ziffern
2004 03 02 01 00 | bezeichnen Zahl und Jahr des Druckes.
Alle Drucke dieser Auflage können, da unverändert,
nebeneinander benutzt werden.

1. Auflage
© 2000 Max Hueber Verlag, D-85737 Ismaning
Umschlagentwurf und Layout: Peer Koop unter Verwendung
 eines Fotos der Firma Airea, Bad Tölz
Graffiti: c. 99 DARCO, Adagp Paris
Gesamtherstellung: Druckerei Schoder, Gersthofen
Printed in Germany
ISBN 3-19-007221-3
(früher erschienen im Verlag für Deutsch – ISBN 3-88532-160-2)

Vorwort

plus deutsch wendet sich an weltoffene, erwachsene Deutschlerner, die sich für ein modernes grammatikorientiertes Lehrwerk entscheiden.

plus deutsch ist ein Lehrwerk für den Anfängerunterricht, das sich an der Unterrichtspraxis orientiert und herkömmliches Lernen mit den Erfordernissen eines modernen DaF-Unterrichts verbindet:
- klar strukturierte Progression der Grammatik
- systematisches Einüben neuer Strukturen
- Partnerübungen und Arbeit in Kleingruppen
- Einsetz- und Umformungsübungen neben Interviews, Anleitungen zu Meinungsäußerung und Berichten
- Lernspiele
- umfangreiche Hörbeispiele und Hörverstehensübungen auf Cassette bzw. CD
- Übungen zu Phonetik und Intonation
- Lerntipps
- Integration von Texten, Übungen und grammatischen Übersichten in einem Kapitel
- Arbeits- und Übungsbuch in einem Band

Thematisch stehen neben landeskundlichen Informationen moderne Themen im Vordergrund wie die internationale Kommunikationsgesellschaft mit Verkehr, Reisen und Urlaub, multikulturelle Entwicklungen, die Stellung der Frau in der Gesellschaft, das Wachsen der Metropolen, aber auch Film, Malerei und Musik.
Die landeskundlichen Informationen ergeben sich aus Alltagsthemen wie z.B. Arbeit und Beruf, Feste, Freizeit und Urlaub, Beziehungen und Abhängigkeiten.

plus deutsch bietet unterschiedliche Textsorten wie Dialoge, Anzeigen und Sachtexte, Briefe, Kurzberichte, Sprichwörter und Graffiti, literarische Auszüge, Gedichte, Zeitungsartikel, Lieder und Rätsel, aber auch Plakate, Hinweisschilder und Comics.

Bei den Tonaufnahmen werden neben der deutschen Standardsprache auch regionalsprachliche Varianten berücksichtigt.

In den Lehrerhandreichungen finden sich kapitelweise Hinweise zum Unterricht, Hintergrundinformationen zur Landeskunde und Lösungen zu verschiedenen Übungen wie Rätsel, einzelne Hörverstehensübungen usw. Des weiteren sind eine Wortliste und alle Texte der Hörverstehensübungen aufgenommen sowie nach jeweils zwei Kapiteln Tests zu Grammatik und Wortschatz und ein Abschlusstest.

plus deutsch umfasst drei Bände mit insgesamt 55 Kapiteln. Die Kapitel lassen im Rahmen der Grundstufe genügend Möglichkeiten, zusätzliches Material einzusetzen und so auf die Interessen der Lernergruppen einzugehen. Die Grammatik entspricht dabei den Anforderungen der Prüfung zum Zertifikat Deutsch.

Der vorliegende Band umfasst 20 Lektionen.

Hörverstehensübungen
(auf Cassette und CD)

Hörtexte
(auf Cassette und CD)

Wörterbuch

Inhalt

Themen	Grammatik	Diverses	Hören	
Länder Berufe Studienfächer	Fragewörter: *wo? woher?* 9 Personalpronomen: *er/es/sie, sie* (Pl) 11	*in/aus* 9 Grüße 12	Vorstellungen 9 Intonationsübung 12	*Kapitel 1*
Bekannte Deutsche Berufe Fragen zur Person, Name, Kinder	Fragewörter 14 Das Präsens: regelmäßige/ schwache Verben und *haben* 15 Personalpronomen: Nominativ 15 *sein*: Präsens 16 Der Satz: Frage und Aussage 17	Interview 17 Sätze bilden 18	Wie fragen Sie? (HV) 15 Interviews (HV) 17	*Kapitel 2*
Länder und Städte Autokennzeichen Das Alphabet	Die Negation 24	Buchstabieren 20 Deutschsprachige Länder 21 Deutsche Bundes- länder 22 Rätsel 23 ... nicht ? – Doch, ... 24	D heißt Deutschland 19 Alphabet 20 Buchstabiertafel 20 Woher kommt der Wagen mit H? 22 Woher kommt das Auto? (HV) 23 Ausspracheübung: Städtenamen 24	*Kapitel 3*
Auskünfte einholen Persönliche Gegen- stände	Der Artikel: bestimmt, unbestimmt, unbestimmt negativ, Nominativ 26 Das Possessivpronomen: Singular, Nominativ 29	Wörterbuch benutzen 26 Abkürzungen 27 Länder und Sprachen 28	Informationsstand 25 Französischunterricht in alter Zeit 26 Ausspracheübung: Sprachen 28	*Kapitel 4*
Familie und Verwandte Persönlicher Besitz Büroeinrichtung	Der unbestimmte Artikel: Akkusativ, Verben mit Akkusativ 32 Adjektivendungen nach dem unbestimmten Artikel, Nominativ 36	Familiennamen 33	Meine Familie 31 Gedicht: Fritzens Familie 32 Meine Familie (HV) 32 Was hat der Onkel? (HV) 33	*Kapitel 5*

	Themen	Grammatik	Diverses	Hören
Kapitel 6	Zimmereinrichtung Besitz, Zugehörigkeit	Der Akkusativ: bestimmt, unbestimmt, Possessivpronomen, Fragewörter *38* Weitere Verben mit Akkusativ *38* Das Personalpronomen Akkusativ, Singular *40* Das Personalpronomen: Dativ, Singular *41*	Zusammengesetzte Wörter *39* *schon – noch nicht* *40*	Hans und Willi suchen ein Zimmer *37* Was hat Ute im Zimmer? (HV) *37* Ausspracheübung *39, 42*
Kapitel 7	Fußgängerzone Einkaufen	Der Plural: Artikel und Endungen *44* Das Possessivpronomen: Singular und Plural, Nominativ *46*	Wörterbuch benutzen *44* Umlaut *45* Zahlen 0–30 *46* Zahlen 10 – 1 000 000 000 *47* *alles, etwas, nichts* *48* Preis-, Maß- und Mengenangaben *49*	Wo fehlt der Umlaut? *45* Kinderzählreim *46* Zahlenbingo (HV) *47* Im Tante-Emma-Laden *48*
Kapitel 8	Haus und Wohnung Lebenslauf Geld	Das Präteritum: regelmäßige/schwache Verben, *haben* und *sein* *55*	Telefonnummern *53* Jahreszahlen *53* Kurzbiografien *54* Weimar *55*	Ein Wohnungsangebot (HV) *52* Wie heißen die Telefonnummern? (HV) *53*
Kapitel 9	Essen und Trinken Im Restaurant Kaffee und Kuchen	*möchte, hätte, wäre* *58* Der unbestimmte Artikel als Pronomen, Nominativ/Akkusativ *60* Konjunktionen *63*	Interview *58* *noch ein- ...* *kein- mehr* *59–60* Österreichisch *62* Wortbildung *61, 64*	Bestellungen im Restaurant *57* Essen wir etwas? *59* Im Restaurant (HV) *61* Euro und Franken *62*
Kapitel 10	Bahnreisen Verkehrsmittel Uhrzeit	Satzstellung im Hauptsatz *66* Präsens: Unregelmäßige/starke Verben *68* Der Imperativ *70*	Die offizielle Uhrzeit *65*	Zugauskunft *65* Wo hören Sie das? (HV) *70*
Kapitel 11	Urlaub und Reisen Unterkunft, Hotel	*welch-* als Fragewort *72* *wissen*: Präsens *75* Nebensätze: indirekte Fragesätze *75*	Interview *73* Adjektive *73–74* *wissen* oder *kennen*? *76*	Wie war das Hotel? (HV) *76*

Themen	Grammatik	Diverses	Hören	
Die Zeit Wochenende und Freizeit	Wie lange? + Akkusativ 79 Das Perfekt: ausgewählte Verben 80	Die informelle Uhrzeit 77 Uhr – Zeit – Stunde 78 Zeitadverbien und Zeitangaben 79, 81 Interview 80 Monate, Tage, Tages- und Jahreszeiten 81	Gehen wir ins Kino! (HV) 78 Am Telefon (HV) 82	Kapitel 12
Länder und Sprachen Internationaler Handel Obst und Gemüse Musik	Die Adjektivdeklination nach dem unbestimmten und ohne Artikel Nominativ/ Akkusativ 87 mögen: Präsens 88	Vermutungen: Verben und Adverbien 84–85 Interview 89	Übungen zur Aussprache und Intonation 87 Musik, Musik (HV) 88	Kapitel 13
Kleidung kaufen Ortsbeschreibung Briefe	Das Demonstrativpronomen / Der bestimmte Artikel als Pronomen 93	Murnau und der blaue Reiter 93–94 Brief schreiben 94–95 Zusammengesetzte Wörter: Adjektiv + Nomen 96 Herkunft von Familiennamen 96	Verkaufsgespräch 91 Kleiderkauf (HV) 92 Schuhkauf (HV) 92 Zungenbrecher 96	Kapitel 14
Flugverbindungen Ein Arbeitstag	Trennbare und nicht-trennbare Verben 98 Trennbare Verben: Satzstellung 99 Der Imperativ: trennbare und nicht-trennbare Verben 101	Die offizielle Uhrzeit 97–98 Wortbildung: Nomen von Verben 100 Bildgeschichte 102	Im Reisebüro (HV) 99 Übungen zur Wortbetonung 101	Kapitel 15
Reisevorbereitungen, Abschied und Wiedersehen	Das Personalpronomen: Akkusativ 104 Die Subjunktionen ob – dass – wenn: Position von Nebensätzen 107	J.W. Goethe: Maifest 104 jemandem etwas wünschen 105	Am Bahnhof 103 Herr Schmutte packt (HV) 105 Heut kommt der Hans... (Volkslied) 108	Kapitel 16
Gebote und Verbote Verkehrszeichen und Hinweisschilder	Modalverben: Präsens 110 Modalverben: Satzstellung 111 Negation von müssen 111 Modalverben als Vollverben 113 Bedeutung von mag / möchte 114	Verkehrszeichen, Schilder 110–111 Städteinformation 112 Bildgeschichte 114	Rauchen verboten 109 Verkehrszeichen (HV) 110 Nach dem Film 113	Kapitel 17

	Themen	Grammatik	Diverses	Hören
Kapitel 18	Berufsvorstellungen Flugbuchung –	*werden:* Präsens *117* *werden* als Voll- und Hilfsverb *117* Modalverben: Das Präteritum *119*	Interview *116* Ordinalzahlen *120* Datum *120*	Ernst Jandl, *my own song 117* Am Flughafen *118* Eine Flugbuchung (HV) *118* Eine lange Reise (HV) *120*
Kapitel 19	Geburtstagsfest Arbeiten in Büro und Haushalt	Partizip II: Regelmäßige/ schwache Verben *122* Das Perfekt: Bildung mit *haben* und Satzstellung *123* Warum? – Weil ... *125* Indefinitpronomen *126*	Wortbildung: Verben auf *-ieren* und Nomen *125*	Ein Geburtstagsfest *121* Ein Hausmann (HV) *124*
Kapitel 20	Beim Frühstück Autounfall Im Urlaub	Das Partizip II – Unregelmäßige/ starke Verben *128* Das Perfekt im Nebensatz *129* Das Partizip I und II als Adjektiv *130* Der Gebrauch von Perfekt und Präteritum *132*	Brief schreiben *131*	Am Morgen (HV) *127* Unfall (HV) *129* Gerd erzählt (HV) *129*

Grammatische Übersicht   133–157

Unregelmäßige/starke Verben   158

Kapitel 1

Ich heiße Obermayer. Das ist meine Tochter Anita.

Wie heißt du?

Grüezi.

Herr Lagemann: Guten Tag. Mein Name ist Lagemann. Ich komme aus Hamburg.
Frau Obermayer: Grüß Gott. Ich heiße Obermayer. Das ist meine Tochter Anita. Wir kommen aus Österreich.
Herr Lagemann: Und wo wohnen Sie in Österreich?
Frau Obermayer: In Wien. Und das ist Herr Jöhri, er kommt aus der Schweiz, aus Bern.
Herr Jöhri: Grüezi.
Herr Lagemann: Guten Tag, Herr Jöhri.

1 *Fragen und antworten Sie*

▲ Wie heißen Sie?
■ Obermayer. / Ich heiße Obermayer. / Mein Name ist Obermayer.

▲ Woher kommen Sie?
■ Aus Österreich. / Ich komme aus Österreich.

▲ Wo wohnen Sie?
■ In Wien. / Ich wohne in Wien.

Woher?	aus	Österreich Italien England Polen Holland Frankreich Russland Litauen Spanien Dänemark
Aber:	aus der aus den	Schweiz Türkei Bundesrepublik Ukraine USA Niederlanden
Wo?	in	Österreich Italien usw.
Aber:	in der in den	Schweiz Türkei Bundesrepublik Ukraine USA Niederlanden

S. 146

2 Fragen und antworten Sie

▲ Was sind Sie von Beruf?
■ Architekt. / Ich bin Architekt.

Student ✦ Journalist ✦ Professor ✦ Hausfrau
Lehrer ✦ Ärztin ✦ Chemiker ✦ Arzt
Ingenieurin ✦ Musiker ✦ Dozent ✦ Sekretärin
Studentin ✦ ~~Architekt~~ ✦ Geschäftsmann
Stewardess ✦ Lehrerin ✦ Arbeiter ✦ Sportlerin

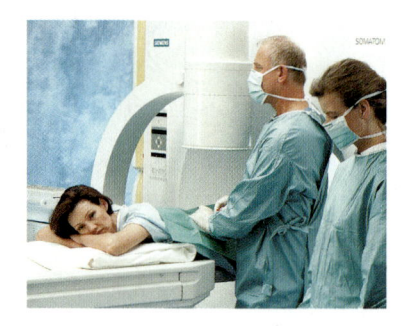

3 Schreiben Sie die Wörter von Übung 2 in die Tabelle.

Mann	Frau
Student	Hausfrau
Journalist	

10 Kapitel 1

4 *Fragen und antworten Sie*

▲ Wer ist das?
■ Frau Obermayer. / Das ist Frau Obermayer.

▲ Wie heißt sie?
■ Anita Obermayer. /
Sie heißt Anita Obermayer.

▲ Wie heißt er?
■ Charlie Brown. /
Er heißt Charlie Brown.

▲ Woher kommt sie?
■ Aus Österreich. /
Sie kommt aus Österreich.

▲ Woher kommt er?
■ Aus England. /
Er kommt aus England.

▲ Wo wohnt sie?
■ In Wien. /
Sie wohnt in Wien.

▲ Wo wohnt er?
■ In London. /
Er wohnt in London.

5 *Fragen und antworten Sie*

▲ Was machen Sie hier?
■ Ich lerne Deutsch.

▲ Was macht er / sie hier?
● Er / sie lernt Deutsch.

| ich studiere
| ich arbeite
| ich lerne Deutsch
| ich bin Tourist
| ich bin Journalist
| ich arbeite bei (Siemens / Mercedes / Bayer)
| ich mache Urlaub

6 *Fragen und antworten Sie*

▲ Was studieren Sie?
■ Ich studiere Mathematik.

▲ Was studiert er / sie?
● Er / sie studiert Mathematik.

| Mathematik ◆ Physik ◆ Chemie
| Medizin ◆ Elektrophysik ◆ Theologie
| Elektronik ◆ Musik ◆ Architektur
| Biologie ◆ Kunst ◆ Psychologie
| Philosophie ◆ Informatik ◆ Literatur

Das Personalpronomen

Singular			
Maskulin	er	Was macht **Herr Müller**?	**Er** studiert.
		Wo wohnt **Charlie**?	**Er** wohnt in London.
Neutrum	es	Wo ist **das Hotel Europa**?	**Es** ist dort.
Feminin	sie	Was macht **Frau Krause**?	**Sie** ist Lehrerin.
		Was studiert **Anita**?	**Sie** studiert Medizin.
Plural	sie	Woher kommen **Susan und Charlie**?	**Sie** kommen aus England.

S.146

7 Ergänzen Sie

Woher kommt Frau Dabrowski? – <u>Sie</u> kommt aus Polen.

1. Woher kommt Herr Müller? – _____ kommt aus Deutschland.
2. Wo wohnt Anita? – _____ wohnt in Wien.
3. Was macht Charlie? – _____ arbeitet.
4. Was studieren Sie? – _____ studiere Musik.
5. Wo arbeitet Herr Müller? – _____ arbeitet bei Siemens.
6. Was machen Susan und Charlie? – _____ lernen Deutsch.

8 Ergänzen Sie

Er wohnt *in* Berlin.

1. Sie kommt _____ Frankreich.
2. Sie wohnt _____ Paris.
3. Er arbeitet _____ Mercedes.
4. Er kommt _____ USA.
5. Er studiert _____ Schweiz.
6. Er studiert _____.
7. Ich lerne _____.
8. Sie ist _____.
9. Er kommt _____ Türkei und ist _____.
10. Ich wohne _____ Familie Krause.

Grüße

Guten Morgen! (bis 10 Uhr)
Guten Tag!
Guten Abend! (ab 18 Uhr)

Servus! (österreichisch)
Grüß Gott! (süddeutsch)
Grüezi! (schweizerisch)

Auf Wiedersehen!
Tschüs!
Gute Nacht!
(Ciao)
(Bye-bye)

Guten Tag, Herr Paulus, wie geht es Ihnen? → Danke gut. → Und Ihnen?

Tag, Gisela, wie geht es dir? → Danke gut. → Und dir?

9 Hören und wiederholen Sie

Kapitel 1

Kapitel 2

Bertolt Brecht ✦ Karl Marx ✦ Willy Brandt ✦ Steffi Graf
Werner Herzog ✦ Martin Luther ✦ Albert Einstein ✦ Sigmund Freud
Joseph Beuys ✦ Rudolf Diesel ✦ Johann Wolfgang von Goethe
Marlene Dietrich ✦ Ludwig van Beethoven

1 *Fragen und antworten Sie*

- ▲ Wer ist das?
- ● Das ist Ludwig van Beethoven.
- ▲ Wer war Ludwig van Beethoven?
- ● Er war Komponist.

Komponist ✦ Politiker ✦ Ingenieur
Dichter ✦ Regisseur ✦ Maler
Theologe ✦ Philosoph ✦ Tennisspielerin
Mathematiker ✦ Schauspielerin
Psychologe

Kapitel 2 | 13

2 *Fragen Sie*

<u>Was</u> machen Sie?

1. _____ machen Sie hier? – Ich lerne Deutsch.
2. _____ studieren Sie? – Mathematik.
3. _____ kommen Sie? – Aus Prag.
4. _____ wohnen Sie? – In Berlin.
5. _____ heißen Sie? – Müller.
6. _____ ist das? – Herr Schmidt.
7. _____ sind Sie von Beruf? – Lehrer.
8. _____ gehen Sie? – Nach Hause.
9. _____ ist die Frau? – Das ist Frau Krause.
10. _____ heißt sie? – Uschi.
11. _____ wohnt sie? – Bei Familie Meier.

Fragewörter

Wo	wohnen Sie?	In Wien. / Bei Familie Meier. / Bei Meiers.
Woher	kommen Sie?	Aus Österreich. / Aus der Türkei.
Wohin	fliegen Sie?	Nach England. / In die Schweiz. / Nach Hause.
Wer	ist das?	Das ist Herr / Frau Meier.
Wie	heißen Sie?	Ich heiße Schmidt.
Wie	alt ist er?	Zweiundzwanzig. (22)
Was	macht sie?	Sie studiert.
Was	studiert sie?	Sie studiert Biologie.
Was	ist er?	Er ist Lehrer.
Was	sind Sie von Beruf?	Ich bin Sekretärin.

Am Ende der Frage steht ein Fragezeichen. (?)

S. 146

3 *Fragen Sie*

Mein Name ist Blerisur Wleiux.

Wie heißen Sie?/Wie heißt du?

1. Ich wohne in der Krezgwsurstraße.
2. Anita studiert Reirusxiro.
3. Ich arbeite bei Ukklemmmr.
4. Er kommt aus Prttsywr.
5. Ich lerne Wqeirbdd.
6. Frau Liu kommt aus Vfddsioro.
7. Herr Müller ist Rjcorlek.
8. Ich fliege morgen nach Ikeursjm.

Kapitel 2

4 *Was verstehen Sie nicht?*

Wie fragen Sie?

Mein Name ist Suryatini Wijaya.

Was macht er? ■
Wo wohnst du? ■
Wie heißen Sie? *1*
Wohin fliegen Sie? ■
Was studiert sie? ■
Woher kommt er? ■
Wo arbeiten Sie? ■
Woher kommt sie? ■
Was lernst du? ■
Wie alt bist du? ■

5 *Fragen und antworten Sie*

▲ Habt ihr Kinder?
● Ja, wir haben ein Mädchen. /
   Nein, wir haben keine Kinder.

ein Mädchen ◆ ein Kind
zwei Kinder ◆ drei Kinder
einen Jungen ◆ zwei Mädchen
zwei Jungen

Das Präsens

		wohnen	arbeiten	haben
Singular	ich	wohn**e**	arbeit**e**	**habe**
	du	wohn**st**	arbeit**est**	**hast**
	er/es/sie	wohn**t**	arbeit**et**	**hat**
Plural	wir	wohn**en**	arbeit**en**	**haben**
	ihr	wohn**t**	arbeit**et**	**habt**
	sie/Sie	wohn**en**	arbeit**en**	**haben**
		lernen	antworten	
		machen		
		studieren		
		heißen		
		fragen		

Die Anrede *Sie* ist formell: Wohnen **Sie** in Berlin? – Ja, **ich** wohne in Berlin.
                                                        – Ja, **wir** wohnen in Berlin.
Die Anrede *du* und *ihr* ist familiär: Wie heißt **du**? – **Ich** heiße Anita.
                                         Was macht **ihr**? – **Wir** studieren.

S. 133

Kapitel 2 | 15

6 Ergänzen Sie

Wo wohn _st_ du?

1. Wo wohn__ ihr?
2. Er arbeit__ bei Merck.
3. Er antwort__ nicht.
4. Wie heiß__ du?
5. Wie heiß__ er?
6. Wie heiß__ ihr?
7. Was mach__ Maria?
8. Wie heiß__ Sie?
9. Was studier__ Sie?
10. Hab__ sie Kinder?
11. Hab__ ihr Kinder?

sein	
ich	bin
du	bist
er/es/sie	ist
wir	sind
ihr	seid
sie/Sie	sind

S. 133

Vater und Sohn

7 Ergänzen Sie

Sie _ist_ verheiratet.

1. Er _____ Arzt und sie _____ Architektin.
2. _____ du verheiratet? – Nein, ich _____ geschieden.
3. _____ Sie Professor? – Nein, ich _____ Lehrer.
4. _____ Sie Herr Braun? – Nein, mein Name _____ Bauer.
5. _____ Sie Frau Huber? – Ja, ich _____ Frau Huber.
6. Carlos und Juan _____ aus Spanien. Wir _____ auch aus Spanien.
7. Woher _____ ihr?

8 Ergänzen Sie

Ich _heiße_ Anita Huber.

1. Mein Name _____ Sabine Goll, ich komme aus Nürnberg.
2. Was _____ Sie hier? – Ich _____ bei Volkswagen.
3. Ich _____ Studentin. – Und was _____ du? – Ich _____ Philosophie.
4. Was _____ du hier? – Ich _____ .
5. Wie _____ Sie? – Mein Name _____ Huber.
6. Woher _____ du? – Ich _____ aus der Schweiz.
7. Wo _____ er? – In London.
8. Morgen _____ wir nach Italien.
9. _____ Sie verheiratet? – Nein, ich _____ ledig.
10. _____ Eva verheiratet? – Ja, sie _____ verheiratet und _____ zwei Kinder.
11. Anita und Karl _____ verheiratet. Sie _____ ein Kind.

16 Kapitel 2

9 Interviews

Fragen Sie drei Personen in der Klasse und ergänzen Sie die Tabelle. Berichten Sie.

Name	Land	Ort	Beruf	verheiratet	Kinder
Antonio	Italien	Mailand	Student	nein	nein
Brigitte	Frankreich				
Ahmed					

Antonio kommt aus Italien. Er wohnt in Mailand. Er ist Student.
Er ist nicht verheiratet und hat keine Kinder.

10

Hören Sie und ergänzen Sie die Tabelle. Berichten Sie.

Name	Land	Ort	Beruf	verheiratet	Kinder
Huber	Österreich	Wien	Journalistin	nein	keine
Meier					
Dabrowski					
Günel					
Brown					
Müller					

Frau Huber kommt aus Österreich. Sie wohnt in Wien. Sie ist Journalistin.
Sie ist nicht verheiratet und hat keine Kinder.

Der Satz

	Position II		
Anita Huber	kommt		aus Österreich.
Sie	wohnt		in Wien.
Er	hat		zwei Kinder.
Charlie und Eva	studieren		in München.
Morgen	fliege	ich	nach Berlin.
Fragesatz			
Wo	wohnt	er?	
Was	machen	Sie?	
	Studierst	du	in der Schweiz?
	Lernen	Sie	auch Deutsch?

S. 152/153

Das konjugierte Verb steht in Position II.

Kapitel 2 | 17

11 Bilden Sie Sätze

Wie heißen Sie?

~~Wie~~	wohnst	Informatik
Aiko	fliegt	Ärztin
Wo	gehe	~~Sie~~
Er	studiert	ihr
Frau Müller	ist	du
Wohin	wohnen	nach Hause
Was	~~heißen~~	aus Japan
Wir	kommt	in der Schweiz
Ich	macht	sie

12 Schreiben Sie Fragen und Antworten

Wo arbeitest du? – In der Schweiz.

~~Wo~~   Woher
Wie   Was

ich   ~~du~~   er
sie   Sie   ihr
wir

~~arbeiten~~   wohnen
sein   heißen   machen
haben   studieren
lernen   kommen

Arzt   Architekt   Deutsch
Kinder   Journalist
Theologie   ein Haus
Chemie

Frau Müller   Anke
Peter und Klaus
Prof. Bergmann
Frl. Meier

in Berlin   in Österreich
bei Siemens   in Dresden
in der ~~Schweiz~~   in Köln

aus den USA
aus der Schweiz
aus Frankreich
aus Österreich

LERNTIPP

Schreiben Sie persönliche Informationen in ein Phrasenheft und lernen Sie.

Mein Name ist _____
Ich wohne in _____
Ich komme aus _____
usw.

Kapitel 3

Susanne:	D heißt Deutschland, nicht wahr?
Peter:	Ja, der Wagen kommt aus Deutschland.
Susanne:	Und was heißt A?
Peter:	A bedeutet Austria – Österreich, der Wagen kommt aus Österreich.
Susanne:	Und das Auto mit CH? Woher kommt das?
Peter:	Aus der Schweiz. CH ist die Abkürzung für die Schweiz*.
Susanne:	Und wie heißt die Abkürzung für Polen? P?
Peter:	Nein, das ist Portugal, Polen ist PL.

* Confoederatio Helvetica

GR D DK F NL CH A E

1 *Fragen und antworten Sie*

▲ Was bedeutet A?
● A bedeutet Österreich.
 Der Wagen kommt aus Österreich.

▲ Woher kommt der Wagen mit CH?
● Der kommt aus der Schweiz.

| der Wagen ✦ der Bus |
| das Auto ✦ das Motorrad |

Kapitel 3 | 19

2 Hören und wiederholen Sie

A B C D E F G H I J K L M N O P Q R S T U V W X Y Z
ä ö ü ß (= sz)

Das ABC ist wichtig. Im Telefonbuch steht es richtig.

3 Fragen und antworten Sie

▲ Wie heißen Sie?
● Czyczykowsky.
▲ Ich verstehe Sie nicht. Bitte buchstabieren Sie!
● C – Z – _____
▲ Wo wohnen Sie?
● In _____
▲ Bitte buchstabieren Sie!
● _____

4 Buchstabieren Sie

A wie Amsterdam

Buchstabiertafel Ausland				Buchstabiertafel Inland			
A	Amsterdam	Q	Québec	A	Anton	O	Otto
B	Baltimore	R	Roma	Ä	Ärger	Ö	Ökonom
C	Casablanca	S	Santiago	B	Berta	P	Paula
D	Dänemark	T	Tripoli	C	Cäsar	Q	Quelle
E	Edison	U	Uppsala	CH	Charlotte	R	Richard
F	Florida	V	Valencia	D	Dora	S	Samuel
G	Gallipoli	W	Washington	E	Emil	SCH	Schule
H	Havanna	X	Xanthippe	F	Friedrich	T	Theodor
I	Italia	Y	Yokohama	G	Gustav	U	Ulrich
J	Jerusalem	Z	Zürich	H	Heinrich	Ü	Übermut
K	Kilogramm			I	Ida	V	Viktor
L	Liverpool			J	Julius	W	Wilhelm
M	Madagaskar			K	Kaufmann	X	Xanthippe
N	New York			L	Ludwig	Y	Ypsilon
O	Oslo			M	Martha	Z	Zacharias
P	Paris			N	Nordpol		

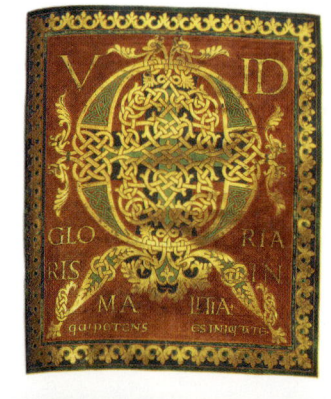

Buchstabe Q, 9. Jahrhundert (Bibliothek St. Gallen, Schweiz)

Kapitel 3

5 Woher kommen die Autos?

DD– Der Wagen kommt aus Dresden.

L ◆ D ◆ DD ◆ M ◆ HH
GR ◆ B ◆ H ◆ S ◆ F ◆ GAP
WE ◆ BN ◆ HD ◆ MD
MEI ◆ FF

Dresden ◆ Görlitz ◆ Magdeburg ◆ Weimar
Bonn ◆ Berlin ◆ Düsseldorf ◆ Leipzig ◆ München
Hamburg ◆ Garmisch-Partenkirchen ◆ Heidelberg
Hannover ◆ Frankfurt/Main ◆ Frankfurt/Oder
Stuttgart ◆ Meißen

Kapitel 3 | 21

Susanne: Woher kommt der Wagen mit H?
Peter: Aus Hannover.
Susanne: Und wo liegt Hannover?
Peter: In Niedersachsen, es ist die Hauptstadt von Niedersachsen.
Susanne: Und wo liegt Niedersachsen?
Peter: In Norddeutschland.

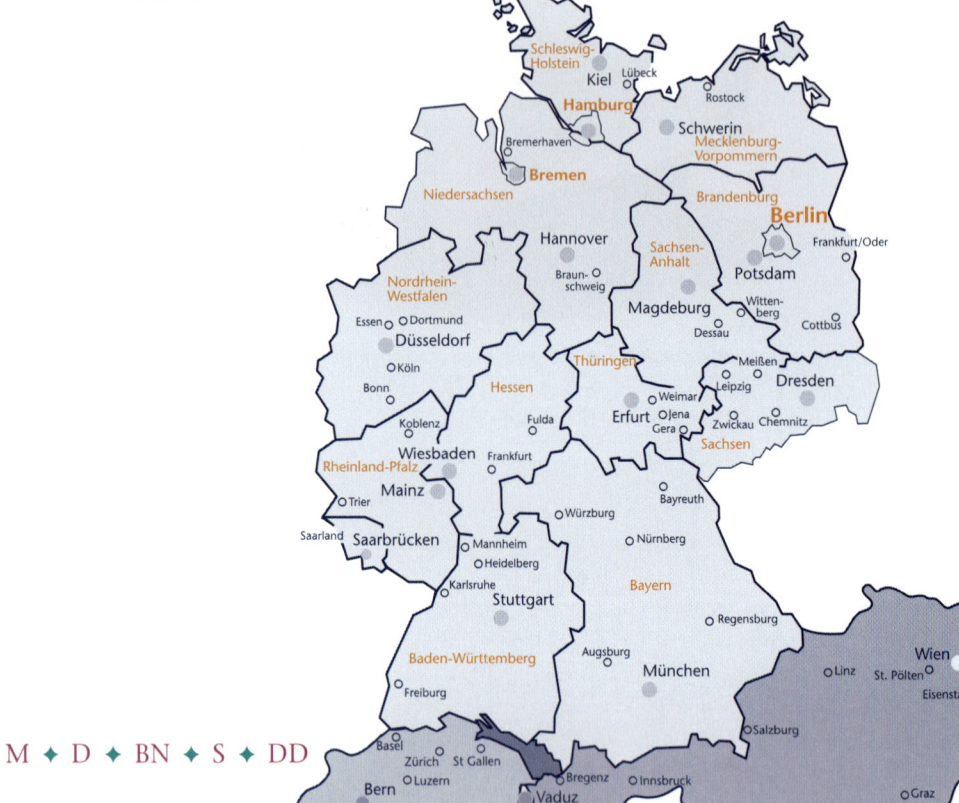

6 Wiederholen Sie das Gespräch

M ◆ D ◆ BN ◆ S ◆ DD

7 Was fehlt?

Ha _n n_ over
M_ _chen   _sterreich
Deu_ _ _ _land   D_sseldorf
Garmi_ _ _-Partenkirchen Rheinland-_ _alz
Niedersa_ _ _en   _ürich
Lei_ _ig   Mei_en

Kapitel 3

8 Verbinden Sie

Kennzeichen	Stadt	Bundesland
H	Halle	Nordrhein-Westfalen
HA	Hannover	Sachsen
HAL	Hagen	Sachsen-Anhalt
	Magdeburg	Niedersachsen
	Leipzig	
	Dresden	

9 Woher kommt das Auto?
Prüfen Sie Ihre Lösung von Übung 8.

10 Lösen Sie das Rätsel. Die Lösung ist eine Stadt in Westdeutschland.

1. Hauptstadt von Österreich
2. Bundesland in der Mitte Deutschlands (ü = ue)
3. Fluss in Berlin
4. Bergkette in Süddeutschland
5. Hauptstadt der Schweiz
6. Stadt und Bundesland in Norddeutschland
7. Hauptstadt von Baden-Württemberg
8. München ist die Hauptstadt von _____.
9. Hauptstadt von Deutschland

11 *Hören und wiederholen Sie*

1. Hamburg   Hannover   Hagen   Halle   Hildesheim
2. Wien   Wittenberg   Wiesbaden   Weimar   Wuppertal   Wolfsburg   Würzburg
3. Berlin   Bochum   Bern   Baden-Baden   Bielefeld   Bad Kissingen

12 *Fragen und antworten Sie*

▲ Studieren Sie Medizin? | ~~Medizin~~ ✦ Mathematik
● Nein, ich studiere nicht Medizin. | Architektur ✦ Soziologie

13 *Antworten Sie negativ*

Sind Sie verheiratet?
Nein, ich bin nicht verheiratet.

1. Ist er verheiratet?
2. Kommt der Wagen aus Polen?
3. Wohnen Sie in der Schweiz?
4. Studierst du Medizin?
5. Fahren Sie nach München?
6. Seid ihr aus England?
7. Ist Brigitte zu Haus?

14 *Und jetzt antworten Sie positiv*

Sind Sie nicht verheiratet?
Doch, ich bin verheiratet.

Die Negation

Er arbeitet	**nicht**.	
Ich bin	**nicht**	verheiratet.
Sie wohnt	**nicht**	hier.
Köln liegt	**nicht**	in Bayern.
Der Wagen kommt	**nicht**	aus der Schweiz.
Aber: Sie haben	**keine**	Kinder.

Sind Sie **nicht** verheiratet? – **Doch**, ich bin verheiratet.
Habt ihr **keine** Kinder? – **Doch**, wir haben Kinder.

S. 155

24 | Kapitel 3

Kapitel 4

1 Fragen Sie

Entschuldigen Sie, bitte, wo ist die Universität?
Wo ist hier ein Arzt?

2 Ergänzen Sie

der – das – die?

Wo ist bitte **der** Bahnhof?

1. Wo ist _____ Hotel Hilton?
2. Dort ist _____ Sprachinstitut.
3. Das ist nicht _____ Deutsche Bank.
4. Ist das _____ Universität?
5. Ich suche _____ Rathaus.
6. Wo ist _____ Toilette?
7. Wo ist _____ Post?
8. Das ist _____ Stadtmuseum.

Das Personalpronomen			
Singular			Plural
Maskulin	Neutrum	Feminin	
er	es	sie	sie

Die Zeitung ist nicht hier. Wo ist **sie**?
Wo ist **der** Wagen? Dort steht **er**.

S. 146

Der Artikel

	Maskulin	Neutrum	Feminin
bestimmt	**der** Lehrer	**das** Kind	**die** Frau
unbestimmt	**ein** Lehrer	**ein** Kind	**eine** Frau
unbestimmt negativ	**kein** Lehrer	**kein** Kind	**keine** Frau
	der Herr	das Auto	die Sprache
	der Wagen	das Mädchen	die Schweiz
	der Mercedes	das Land	die Bundesrepublik
	der Professor	das Hotel	die Universität

S. 141

"Die Zukunft ist Weiblich"

Arzt *der*, -es, Ärz-te, j-d, der an e-r Universität ausgebildet wurde, damit er Kranke behandeln kann ≈ Mediziner, Doktor ⟨e-n A. holen, konsultieren, zum A. gehen⟩. Bei welchem A. sind Sie in Behandlung? K-: **Arzt-**, **-praxis** ‖ -K: **Augen-**, **Haut-**, **Kinder-**, **Nerven-**, **Zahn-** ‖ hierzu **Ärz·tin** *die*; -, -nen; **ärzt·lich** *Adj*; nur attr od adv

Französischunterricht in alter Zeit:

le bœuf – der Ochs
la vache – die Kuh
Fermez la porte –
Die Tür mach zu.

3 *Ergänzen Sie*

Benutzen Sie ein Wörterbuch.

<u>der</u> Arzt

_____ Architekt	_____ Student
_____ Lehrer	_____ Ärztin
_____ Sekretärin	_____ Geschäftsmann
_____ Stewardess	_____ Ingenieur
_____ Junge	_____ Mädchen
_____ Journalist	_____ Tourist
_____ Chemiker	_____ Ingenieurin
_____ Dozent	_____ Lehrerin
_____ Studentin	_____ Bundesrepublik
_____ Türkei	_____ Schweiz
_____ Bahnhof	_____ Hotel
_____ Telefon	_____ Toilette

Lernen Sie auswendig!
der Deutsche
die Deutsche
ein Deutscher
eine Deutsche

Kapitel 4

4 WB

Wählen Sie fünfzehn Wörter und lernen Sie diese mit Artikel.

Bank ✦ Auto ✦ Text ✦ Film ✦ Foto
Fax ✦ Telefon ✦ Konto ✦ Baby ✦ Radio
Restaurant ✦ Export ✦ Motor ✦ Zentrum ✦ Hotel
Kontrolle ✦ Tourist ✦ Kassette ✦ Scheck ✦ Taxi
Minister ✦ Universität ✦ Student ✦ Tabak ✦ Visum
Schokolade ✦ Alkohol ✦ Zigarette ✦ Bier ✦ Tee
Polizei ✦ Suppe ✦ Computer ✦ Sport ✦ Kaffee
Hobby ✦ Supermarkt ✦ Grippe ✦ Institut ✦ Museum

LERNTIPP

Schreiben Sie wichtige Nomen mit Artikel in ein Vokabelheft, bilden Sie Sätze und lernen Sie.

das Bier – Bitte ein Bier!
die Toilette – Wo ist die Toilette?

5 Ergänzen Sie

Bestimmt oder unbestimmt?

Wo ist **der** Südbahnhof? (der/ein)
1. Wo ist _____ Hotel Kempinski? (das/ein)
2. Wo ist hier _____ Hotel? (das/ein)
3. Wo ist hier _____ Bank? (die/eine)
4. Wo ist _____ Dresdner Bank? (die/eine)
5. Wo ist hier _____ Supermarkt? (der/ein)
6. Wo ist _____ Apotheke? (die/eine)

6

Kennen Sie die Abkürzungen?

das ABC ✦ die BRD ✦ die USA ✦ die CDU ✦ die SPD
der VW ✦ der BMW ✦ die EU ✦ der FC Bayern
die SZ ✦ die FAZ ✦ der ICE ✦ das WC

FC Bayern – Real Madrid 1:3

SZ AM WOCHENENDE

Die F.A.Z. auf CD-ROM

Volkswagen, –
da weiß man, was man hat.

ICE-ZEITSPARNIS*

München–Hamburg 1.10
Stuttgart–Berlin 3.38
Zürich–Hamburg 1.36

7 Ergänzen Sie

Bestimmt oder unbestimmt?

EU ist **die** Abkürzung für die Europäische Union.

1. BRD ist _____ Abkürzung für die Bundesrepublik Deutschland.
2. Die USA sind _____ Land in Nordamerika.
3. Die CDU ist _____ Partei.
4. Die FAZ ist _____ Zeitung aus Frankfurt. Es gibt auch die "Frankfurter Rundschau".
5. Die SZ ist _____ „Süddeutsche Zeitung" aus München.
6. _____ Abkürzung für Volkswagen ist VW.
7. Der FC Bayern ist _____ Fußballclub.
8. ICE ist _____ Abkürzung für Intercity Express.

Kapitel 4

8 *Was ist falsch?*

Name	Land	Ort	Sprache
Meier	Türkei	Detroit	Polnisch
Saito	Polen	Leipzig	Türkisch
Dabrowski	Japan	Ankara	Amerikanisch
Brown	Deutschland	Osaka	Japanisch
Günel	USA	Warschau	Deutsch

Herr Meier kommt nicht aus der Türkei, er kommt aus Deutschland. Er wohnt nicht in Detroit, er wohnt in Leipzig. Er spricht nicht Polnisch, er spricht Deutsch.

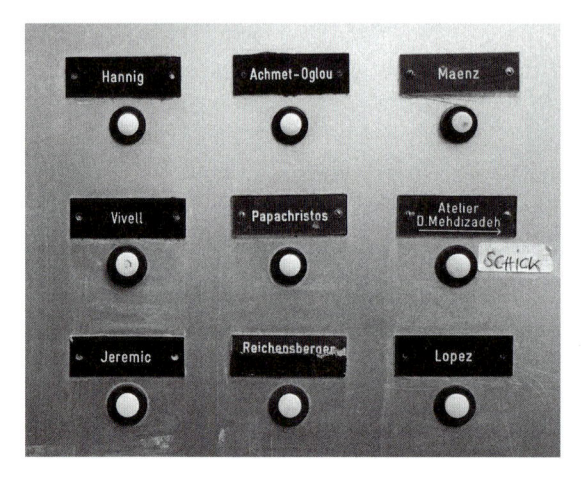

Wohnt hier Frau Papadakis?

9 *Schreiben Sie eine „falsche" Tabelle wie in Übung 8 und fragen Sie Ihren Partner: „Was ist hier falsch?"*

Name	Land	Ort	Sprache
			Chinesisch
			Italienisch
			Französisch
			Spanisch
			Arabisch

10 *Hören und wiederholen Sie*

Deutsch   Englisch   Spanisch   Russisch   Arabisch   Japanisch   Chinesisch   Französisch   Italienisch

28 | Kapitel 4

11 *Fragen und antworten Sie*

▲ Ist das dein/Ihr Ring?
● Ja, das ist mein Ring. /
Nein, das ist nicht mein Ring.

der Ring ✦ das Geld ✦ der Schlüssel
das Armband ✦ das Portemonnaie

▲ Ist das deine/Ihre Uhr?
● Ja, das ist meine Uhr.

die Uhr ✦ die Brille ✦ die Brieftasche
die Kreditkarte

▲ Ist das deine Karte?
● Ja, das ist meine Karte.

Karte ✦ Brille ✦ Ring ✦ Geld ✦ Uhr
Schlüssel ✦ Portemonnaie

▲ Ist das nicht deine Brieftasche?
● Doch, das ist meine Brieftasche.

▲ Maria, ist das deine Uhr?
● Nein, das ist nicht meine Uhr.
Das ist die Uhr von Gisela.
▲ Giselas Uhr?
● Ja, das ist ihre Uhr.

kein- mein-

ein-

sein- Ihr-

ihr- dein-

Das Possessivpronomen						
	Maskulin		Neutrum		Feminin	
ich	mein	Wagen	mein	Zimmer	meine	Wohnung
du	dein	Wagen	dein	Zimmer	deine	Wohnung
er/es	sein	Wagen	sein	Zimmer	seine	Wohnung
sie	ihr	Wagen	ihr	Zimmer	ihre	Wohnung
Sie	Ihr	Wagen	Ihr	Zimmer	Ihre	Wohnung

12 Ergänzen Sie

Da liegt ein Kugelschreiber. Ist das **dein** Kugelschreiber, Eva? –
Nein, **mein** Kugelschreiber ist hier.

1. Ist das _____ Wörterbuch, Hans? – Nein, _____ Wörterbuch ist zu Hause.
2. Wo ist _____ Fahrrad, Ulrich? – _____ Fahrrad? Ich habe kein Fahrrad.
3. Wo ist _____ Portemonnaie? Hast du _____ Portemonnaie, Gerd?
4. Hier ist _____ Kreditkarte, Herr Franz.
5. Ist das _____ Brille, Frau Reiner?
6. Das ist Frau Liebermann, sie ist _____ Sekretärin.
7. Wie heißt _____ Telefonnummer, Frau Rabe?
8. Das ist ja _____ Schlüssel! – Das ist doch nicht _____ Schlüssel, Heinz! Das ist mein Schlüssel.
9. _____ Computer geht nicht. – _____ Schreibmaschine auch nicht!
10. _____ Telefon geht nicht. Ist _____ Telefon in Ordnung, Inge? – Moment, ja, _____ Telefon funktioniert.

LERNTIPP

Benutzen Sie ein Wörterbuch

Lernen Sie Ihr Wörterbuch kennen. Wo steht der Artikel und die Pluralform? Wie sehen die Wortkombinationen aus? Welche Verbformen gibt es? Wo stehen die grammatischen Tabellen? Die Satzzeichen?

Suchen Sie nicht nur „Ihr" Wort, sondern lesen Sie auch andere Wörter bei diesem Stichwort, z.B. *arbeiten, der Arbeiter, die Arbeit.*

Schreiben Sie dann Sätze in Ihr Phrasenheft, z.B.:
Ich arbeite zu Hause. Sie hat keine Arbeit. Er ist Arbeiter.

Kapitel 5

Meine Familie

Ich heiße Claudia Schmitz, ich bin verheiratet. Ich habe zwei Kinder, einen Jungen und ein Mädchen, also einen Sohn und eine Tochter.
Mein Mann hat einen Bruder und eine Schwester, das sind mein Schwager und meine Schwägerin. Meine Kinder haben also einen Onkel und eine Tante. Meine Mutter und mein Vater leben in Köln. Das sind meine Eltern. Sie sind die Schwiegereltern (Schwiegermutter und Schwiegervater) von meinem Mann. Mein Mann ist ihr Schwiegersohn.
Meine Eltern sind die Großeltern von meinen Kindern, Großmutter und Großvater – „Oma" und „Opa" sagen meine Kinder.

1 *Ergänzen Sie*

Ich habe _einen_ Bruder.

1. Ich habe _____ Onkel in Amerika.
2. Wir haben _____ Sohn und _____ Tochter.
3. Wir haben zwei Kinder, _____ Jungen und _____ Mädchen.
4. Meine Tochter ist verheiratet, sie hat _____ Kind.
5. Meine Frau hat _____ Bruder und _____ Schwester, das sind also _____ Schwager und _____ Schwägerin, und unsere Kinder haben _____ Onkel und _____ Tante.

Kapitel 5 | 31

Der unbestimmte Artikel – Nominativ und Akkusativ

	Maskulin	Neutrum	Feminin
	der Bruder	das Kind	die Schwester
Nominativ	ein/kein Bruder	ein/kein Kind	eine/keine Schwester
Akkusativ	einen/keinen Bruder	ein/kein Kind	eine/keine Schwester

Die Verben *haben, brauchen, kaufen, kennen* haben als Ergänzung einen Akkusativ:
Ich habe **einen** Bruder.
Ich habe **keinen** Wagen.
Ich brauche **einen** Computer.

Nur maskuline Nomen haben eine eigene Akkusativform:
Ich habe **einen** Bruder.
Ich brauche **kein** Telefon.
Ich habe **keine** Uhr.

S. 141

LERNTIPP

Schreiben Sie wichtige Verben mit dem Akkusativ in das Vokabelheft. Schreiben Sie immer Verb + A: *kennen + A, brauchen + A, haben + A, kaufen + A.*

Schreiben Sie Sätze mit Nomen im Akkusativ: Was kaufst du? Ein**en** Tisch? Ich brauche ein**en** Computer.
Ich habe kein**en** Hunger.
Kennen Sie hier ein**en** Friseur?

Emil Weber: **Fritzens Familie**

Ich heiße Fritz,
unser Hund heißt Spitz,
Miezevater unser Kater.
Papa heißt Papa;
Mama heißt Mama;
meine Schwester heißt Ottilie:
das ist unsere ganze Familie.
Wir hätten gern noch eine Kuh
und ein Pferd dazu.

LERNTIPP

Lernen Sie das Gedicht auswendig, rezitieren Sie laut.

2 Erzählen Sie

Ihre Familie
Eltern – Kinder – Geschwister ...
Wo wohnen sie? Was machen sie?

3

Richtig (r) oder falsch (f)?
Meine Familie

Mein Mann hat eine Schwester. Das ist meine Schwägerin. (r) f

1. r f	5. r f	9. r f	13. r f
2. r f	6. r f	10. r f	14. r f
3. r f	7. r f	11. r f	15. r f
4. r f	8. r f	12. r f	16. r f

32 | Kapitel 5

Familiennamen

Ich bin Klaus Weber. Mein Vater ist Erich Weber, meine Mutter
Claudia Weber, geb. Riedel.
Meine Schwester Angelika ist verheiratet, ihr Mann heißt
Goltz. Sie heißt Angelika Goltz-Weber.

4 *Was sind Sie? Benutzen Sie ein Wörterbuch und schreiben Sie zehn Wörter.*

Ich bin Vater, Lehrer ...

5 *Was hat der Onkel?*

Hören und markieren Sie

Ich habe einen Onkel in Südamerika. Er ist sehr reich.
Er hat eine Exportfirma und viele Angestellte. Er ist verheiratet
und hat zwei Kinder.

Mein Onkel hat:

- Auto
- Haus
- Garten
- Frau
- ✗ zwei Kinder
- Freund
- Hund
- Computer
- Telefon
- Krokodil
- Freundin

- Radio
- Fotoapparat
- Schreibmaschine
- Videorecorder
- CD-Player
- Fabrik
- ✗ Exportfirma
- Walkman
- Videokamera
- Mercedes
- Flugzeug

- Wohnwagen
- Sekretärin
- Faxgerät
- Fahrrad
- Fotokopierer
- Zweitwagen
- Pferd
- Boot
- Wochenendhaus
- Wohnung in Spanien

6 Schreiben Sie

Was hat der Onkel? Was hat er nicht?

Der Onkel hat ein Haus.
Der Onkel hat keinen Wohnwagen.

7 Fragen und antworten Sie

Benutzen Sie Wörter von Übung 5.

▲ Haben Sie ein Auto?
● Ja, ich habe ein Auto./Nein, ich habe kein Auto.

▲ Hast du einen Wagen?
● Ja, einen Opel (Ford, VW ...). / Nein, ich habe keinen Wagen.

▲ Hast du ein Flugzeug?
● Nein, und ich brauche auch kein Flugzeug.

8 Im Büro. Wie heißen die Sachen?

das Telefon
der Computer
das Faxgerät
der Tisch
das Regal
der Schreibtisch
der Aschenbecher
der Sessel
die Kaffeemaschine
die Schreibtisch-
   lampe
der Tischkalender
der Stuhl
der Teppich
die Lampe
das Bild
der Schrank

der/ein Tisch

34 Kapitel 5

9 Berichten Sie

Ich habe ein Büro, aber es ist leer. Es hat keine Möbel.

Es fehlt *ein Tisch*, ...

10
- ▲ Hier fehlt ein Tisch. / Hier ist ja kein Tisch!
- ● Ja, ich brauche einen Tisch.

11 Schreiben Sie

Was brauchen Sie in Ihrem Büro?
Ich brauche *einen Tisch*, ...

Und was brauchen Sie nicht?
Ich brauche *kein Bild*, ...

12 Ergänzen Sie

ein- oder kein-?

Ich habe <u>ein</u> Büro, aber das Büro ist leer. Ich habe <u>keinen</u> Tisch, <u>kein</u> Telefon, <u>keine</u> Schreibmaschine, nichts.

1. Ist _____ Telefon im Büro? – Nein, nur _____ Tisch und _____ Stuhl.
   Ich habe kein Telefon, _____ Schreibmaschine und auch _____ Computer.
2. Morgen kaufe ich _____ Sessel, _____ Regal und _____ Lampe.
3. Ich brauche auch _____ Schrank, _____ Schreibtischlampe
   und _____ Teppich.

13 Fragen und antworten Sie

- ▲ Hast du *Zeit*?
- ● Ja, ich habe *Zeit*. / Nein, ich habe jetzt keine *Zeit*.

- ▲ Ich kaufe morgen Möbel. Kommst du mit? Hast du ...?
- ● Nein, ...

die Zeit ✦ die Lust
der Hunger ✦ das Geld

LERNTIPP

Schreiben Sie jeden Tag einen Text
oder Dialog aus dem Lehrbuch ab.

Kapitel 5 | 35

14 *Fragen und antworten Sie*

▲ Ist der Wagen neu?
● Ja, das ist ein neuer Wagen.
▲ Ein toller Wagen!

der Wagen ✦ der Ring
der Hut ✦ der Schal

▲ Ist das Auto neu?
● Ja, das ist ein neues Auto.
▲ Ein tolles Auto!

das Auto ✦ das Armband

▲ Ist die Brille neu?
● Ja, das ist eine neue Brille.
▲ Eine tolle Brille!

die Brille ✦ die Tasche
die Kette

Oh, ist das ein toller Wagen!

Adjektivendungen

Nominativ

d**er** Ring	ein schön**er** Ring
d**as** Armband	ein schön**es** Armband
d**ie** Brille	eine schön**e** Brille
d**ie** Kinder	klein**e** Kinder

Das ist ein schön**er** Ring.   S. 143

Walter Gropius, Adler Cabriolet, 1930

36 | Kapitel 5

Kapitel 6

Hans und Willi sind Studenten. Sie suchen ein Zimmer.

Hans: Hast du schon ein Zimmer?
Willi: Nein. Und du?
Hans: Ich habe ein Zimmer, aber keine Möbel. Ich brauche noch Möbel.
Willi: Möbel? Ist das Zimmer denn nicht möbliert?
Hans: Doch, es gibt ein Bett, einen Tisch und Stuhl und einen Schrank.
Willi: Ja und? Was brauchst du denn noch?
Hans: Ich brauche eine Tischlampe, ein Regal, einen Sessel und …
Willi: … Geld.

1 Was haben Sie in Ihrem Zimmer?

2 Was hat Ute im Zimmer? Notieren Sie.

Kapitel 6 | 37

Der Akkusativ

	Maskulin		Neutrum		Feminin	
bestimmt	den	VW	das	Radio	die	Maschine
unbestimmt	einen	VW	ein	Radio	eine	Maschine
unbestimmt negativ	keinen	VW	kein	Radio	keine	Maschine
Possessivpronomen	meinen	VW	mein	Radio	meine	Maschine

Verben + Akkusativ:

haben brauchen kaufen suchen kennen verstehen schreiben es gibt ...

Kennen Sie Herr**n** Müller?
Kennst du ih**ren** Mann?
Es gibt kei**nen** Kaffee.

Nur Maskulin hat eine eigene Akkusativform:

Was sagt der Lehrer?   Verstehst du **den** Lehrer?
Wo ist die Maschine?   Ich suche **die** Maschine.
Da steht das Radio.   Brauchst du **das** Radio?

Neutrum und Feminin sind im Nominativ
und Akkusativ gleich:

Ich suche   **ein**   Zimmer.
Ich verstehe   **kein**   Wort.
Kennen Sie   **die**   Frau?
Ich brauche   **deine** Schreibmaschine.

Fragewörter

Wen suchst du? – Frau Knorr. / **Den** Lehrer. (Person)
Was suchst du? – Meinen Schlüssel. / Mein Buch. (Sache)

S. 141

3 *Ergänzen Sie*

Ergänzen Sie *den* Artikel.

1. Verstehst du _____ Satz?
2. Ich verstehe _____ Lehrer nicht.
3. Ich suche _____ Büro von Herrn Meier.
4. Ich suche _____ Institut Lernsoft.
5. Brauchst du _____ Buch?
6. Brauchst du _____ Computer jetzt?
7. _____ Schreibmaschine ist kaputt.
8. Brauchst du morgen _____ Wagen?
9. Wann kaufst du _____ Sessel?
10. Verstehst du _____ Text?
11. Ich kenne _____ Wort nicht.

38 | Kapitel 6

4 Ergänzen Sie

Bestimmt oder unbestimmt?

Ich habe keine Wohnung. Ich suche *eine.*
Ich brauche *die* Adresse von Frau Müller.

1. Wo ist _____ Büro von Frau Huber?
2. Wo ist _____ Sekretärin von Herrn Bergmann?
3. _____ Telefon ist kaputt.
4. Hast du _____ Schreibmaschine? – Nein, ich brauche keine, ich habe _____ Computer.
5. _____ Computer ist alt.
6. Hast du _____ Kalender?

5

Bilden Sie Wörter. Wie heißt der Artikel?

das Haus, die Frau = die Hausfrau

Haus	Gerät
Fax	Fahrer
Büro	Frau
Tisch	Lampe
Video	Kalender
Wand	Apparat
Taxi	Schrank
Schreibtisch	Stuhl
Fahrrad	Schlüssel
Foto	

6 Hören und wiederholen Sie.

LERNTIPP

Das letzte Nomen bestimmt den Artikel.

7 Fragen und antworten Sie

▲ Kennen Sie meinen Mann?
● Ja, ich kenne ihn. / Nein, ich kenne ihn nicht.

Mann ✦ Bruder ✦ Sohn ✦ Onkel

▲ Kennen Sie nicht meine Frau?
● Doch, natürlich kenne ich sie.

Frau ✦ Schwester ✦ Tochter
Tante

Kapitel 6 | 39

Das Personalpronomen – Akkusativ

Nominativ	Akkusativ	
er	**ihn**	Ich suche **ihn**.
es	**es**	Kaufst du **es**?
sie	**sie**	Er versteht **sie** nicht.
Sie	**Sie**	Ich kenne **Sie** nicht.

S. 146

Nur Maskulin hat eine eigene Akkusativform.

8 Ergänzen Sie

Kenne ich *Sie*? Sind Sie Herr Schuster?

1. Herr Huber, ich verstehe _____ nicht!
2. Wo ist Herr Meier? Ich suche _____.
3. Brauchst du den Wagen nicht? – Doch, ich brauche _____.
4. Wo ist mein Fotoapparat? – Hier ist _____.
5. Kennst du Frau Liebermann? – Natürlich kenne ich _____.
6. Ich suche das Büro von Herrn Mertens. – Ich suche _____ auch.
7. Was sagt er? Ich verstehe _____ nicht.
8. Was heißt das Wort? Ich verstehe _____ nicht.
9. _____ suchst du? – Mein Portemonnaie.
10. _____ suchen Sie? – Frau Fischer.

9 Fragen und antworten Sie

Kennen Sie das schon?

▲ Kennen Sie schon **das Restaurant Venezia**?
■ Nein, ich kenne es noch nicht.

das Restaurant Venezia ✦ das Hotel Europa
Herrn Müller ✦ Frau Fischer ✦ mein Sohn
die Stadt ✦ mein Freund Peter ✦ mein Onkel
aus Amerika.

Schon? – Nein, noch nicht.

Das Restaurant ist gut. Kennst du es? – Nein, ich kenne es **nicht**.
Das Restaurant ist neu. Kennst du es **schon**? – Nein, ich kenne es **noch nicht**.
Morgen gehe ich in das Restaurant.

S. 155

Kapitel 6

10

11 Fragen und antworten Sie

▲ Ist das dein/Ihr Buch?
■ Ja, das gehört mir./Nein, das gehört mir nicht.

▲ Gefällt dir das Buch?
■ Ja, es gefällt mir gut.

Buch ✦ Foto
Wohnung ✦ Wagen

Das Personalpronomen – Dativ

Nominativ	Dativ	
ich	mir	Der Wagen gehört **mir**.
du	dir	Wie geht es **dir**?
er/es	ihm	Gehört **ihm** das Buch?
sie	ihr	Das Zimmer gefällt **ihr**.
Sie	Ihnen	Wie geht es **Ihnen**?
wer?	wem?	**Wem** gehört das?

S. 146

Die Verben *gehören, gefallen* haben als Ergänzung einen Dativ.
Auch: Es geht **mir** gut.

Kapitel 6

12 Ergänzen Sie

Gehört *dir* das Buch, Inge?

1. Wie geht es _____, Herr Braun? – Danke, _____ geht es gut.
2. Gehört _____ die Tasche, Frau Wagner? – Nein, die gehört _____ nicht.
3. Ist das dein Schlüssel, Klaus? – Nein, der gehört _____ nicht.
4. Erika, gehört _____ der Walkman? – Nein, der gehört _____ nicht.
5. Gehört _____ das Haus, Herr Meier? – Ja, das ist _____ Haus.
6. _____ gehört das Rad? Ist das _____ Rad, Christine? – Ja, das Rad gehört _____, das ist _____ Rad.
7. Gehört das Rad Christine? – Ja, ich glaube, es gehört _____.
8. Ist das Peters Tasche? – Ja, die gehört _____. Das ist _____ Tasche.
9. Wie gefällt dir das Büro? – Es gefällt _____ gut, es ist schön.
10. Was sagt deine Frau? Gefällt _____ die Wohnung?

LERNTIPP

Schreiben Sie wichtige Verben mit dem Dativ in das Vokabelheft. Schreiben Sie immer Verb + D:
gehören + D, gefallen + D.

Schreiben Sie Sätze mit den Verben:
Das gehört *mir*. Gehört das dir? *Wem* gehört das?

13 Hören und wiederholen Sie

1. Zimmer   Zürich   zu Hause   Leipzig   Flugzeug   Medizin   zwei   Zwickau

2. Zeiler – Seiler
   Heizer – heiser
   Zürich – südlich
   zu – Susi
   Zeitung – Seite

3. Studieren Sie Medizin?
   Er kommt aus Leipzig.
   Susi ist zu Hause.
   Ich habe zwei Zimmer.
   Das Flugzeug kommt aus Zürich.

Kapitel 7

Quedlinburg in Sachsen-Anhalt

Uwe geht einkaufen. Er geht in die Fußgängerzone, die ist immer interessant. Dort sind viele Menschen – Männer, Frauen, junge Leute, Kinder und oft Touristen. Es gibt keine Autos, nur Fußgänger und auch Radfahrer.
5 Aber Fahrradfahren ist eigentlich verboten.
Die Fußgängerzone war früher eine Straße im Stadtzentrum. Heute gibt es Plätze, Bäume und Blumen, Bänke und sogar einen Spielplatz für Kinder. Manchmal machen junge Leute Musik oder spielen Theater.
10 Manche Cafés haben draußen Tische und Stühle. Aber es gibt noch keine Kunden, denn es ist noch früh und etwas kühl. Die Geschäfte sind schon auf. Uwe geht in ein Geschäft und kauft etwas zum Frühstück.

1 Was steht nicht in dem Text?

In der Fußgängerzone sind viele Leute.
Motorradfahren ist verboten.
Die Fußgängerzone war früher ein Platz im Zentrum.
Manche Restaurants haben draußen Tische und Stühle.
Die Geschäfte sind geöffnet.

2 Wie heißt der Singular und der Artikel?

Menschen   *der Mensch*

Frauen ✦ Touristen ✦ Kinder ✦ Autos ✦ Straßen ✦ Autofahrer ✦ Restaurants ✦ Tische ✦ Stühle ✦ Kunden ✦ Geschäfte ✦ Bäume ✦ Blumen

3 Schreiben Sie

Aus dem Wörterbuch: Pluralendungen

der Mensch (-en)   *die Menschen*

der Mann (¨er) ◆ die Frau (-en) ◆ der Tourist (-en)
das Auto (-s) ◆ die Straße (-n) ◆ das Kind (-er)
der Tisch (-e) ◆ der Stuhl (¨e) ◆ der Fahrer (-)
die Studentin (-nen)

Mensch[1] *der*; *-en, -en*; **1** *nur Sg*; das Lebewesen, das sprechen u. denken kann u. sich dadurch vom Tier unterscheidet; *Biol* Homo sapiens: *Biologisch gesehen gehört der M. zu den Säugetieren* ‖ -K: **Steinzeit-, Ur- 2** ein Mann, e-e Frau od. ein Kind als Individuum ≈ Person: *Auf der Erde gibt es ungefähr 6 Milliarden Menschen; Er ist ein guter u. ehrlicher M.* ‖ K-: **Menschen-, -ansammlung, -auflauf, -gewühl, -masse, -menge 3** *kein M.* ≈ niemand: *Ich habe keinem Menschen davon erzählt* ‖ zu **1** u. **2** ↑NB unter **Leute** ‖ ID *sich wie der erste M. benehmen gespr hum*; sehr ungeschickt sein; *sich*

Nomen – Der Plural

der Manager (-)	die Manager	der Lehrer, der Computer, das Zimmer, der Schlüssel, der Fehler
die Tochter (¨)	die Töchter	die Mutter, der Vater, der Bruder
der Film (-e)	die Film**e**	der Tag, der Freund, der Tisch
die Stadt (¨e)	die St**ä**dt**e**	der Satz, der Stuhl, die Bank
das Kind (-er)	die Kind**er**	das Bild, das Ei
das Buch (¨er)	die B**ü**ch**er**	das Haus, das Wort, das Land, der Mann
die Diskette (-n)	die Diskette**n**	die Tasche, die Kassette, die Straße, die Frage
der Tourist (-en)	die Tourist**en**	der Student, der Professor, der Mensch, die Bank
die Freundin (-nen)	die Freundin**nen**	die Studentin, die Sekretärin
das Auto (-s)	die Auto**s**	das Video, das Restaurant, das Foto, das Hotel
Nur Plural:	die Leute die Eltern die Möbel	

Der Artikel

Der bestimmte Artikel im Nominativ und Akkusativ Plural heißt immer *die*:

der Tourist   Woher kommen **die** Tourist**en**?
das Foto   **Die** Fotos sind schön!
die Diskette   Hast du **die** Diskett**en**?

bestimmt: Woher kommen **die** Fotos?
unbestimmt: Haben Sie Kind**er**?
negativ: Ich habe **keine** Kind**er**.

S. 142

44   Kapitel 7

4 Ergänzen Sie

Endung? Umlaut?

Viele deutsche St**ä**dt**e** haben Fußgängerzone**n**.

1. In der Fußgängerzone gibt es alte Haus_____, moderne Bank_____ und schöne Geschäft_____.
2. Es gibt viele Tourist_____ – Amerikaner_____, Franzose_____ usw.
3. Hier leben viele Student_____ und Studentin_____.
4. Die Stadt hat eine Universität, viele Hotel_____ und Restaurant_____, Kino_____ und zwei Theater _____.
5. Viele Restaurant_____ haben draußen Stuhl_____ und Tisch_____.
6. Viele Straße_____ haben Baum_____.
7. Die Platz_____ in der Stadt haben Blume_____ und Bank_____. Dort spielen kleine Kind_____, und manchmal machen junge Leute Musik.

5 Korrigieren Sie

Wo fehlt der Umlaut?

das Madchen ♦ das Buch ♦ die Bucher ♦ die Stuhle
das Worterbuch ♦ die Tur ♦ die Schule ♦ der Schlussel
die Tochter ♦ die Lander ♦ Koln ♦ die Stadt
die Stadte ♦ Munchen ♦ das Fraulein ♦ die Baume
die Hauser ♦ die Leute ♦ die Banke ♦ der Schuler
die Manner ♦ das Geschaft ♦ die Arztin ♦ die Fahrrader
die Sekretarin ♦ die Institute ♦ Zurich ♦ die Banken

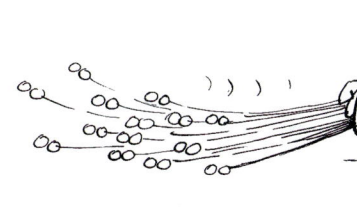

6 Fragen und antworten Sie

▲ Sind das deine/Ihre Bücher?
● Nein, das sind nicht meine Bücher.

▲ Sind das eure Fotos?
● Nein, das sind nicht unsere Fotos.

| Bücher ♦ Fotos |
| Sachen ♦ Schlüssel |
| Kinder ♦ Disketten |

Kapitel 7

Das Possessivpronomen – Nominativ

	Singular Maskulin		Neutrum		Feminin		**Plural**	
ich	mein	Bruder	mein	Haus	meine	Schwester	meine	Sachen
du	dein	Bruder	dein	Haus	deine	Schwester	deine	Sachen
er/es	sein	Bruder	sein	Haus	seine	Schwester	seine	Sachen
sie	ihr	Bruder	ihr	Haus	ihre	Schwester	ihre	Sachen
wir	unser	Bruder	unser	Haus	unsere	Schwester	unsere	Sachen
ihr	euer	Bruder	euer	Haus	eure	Schwester	eure	Sachen
sie	ihr	Bruder	ihr	Haus	ihre	Schwester	ihre	Sachen
Sie	Ihr	Bruder	Ihr	Haus	Ihre	Schwester	Ihre	Sachen

S. 149

7 *Ergänzen Sie*

Wem gehören die Bücher? – Das sind **meine** Bücher.

1. Sind das _____ Sachen, Herr Müller? – Ja, das sind _____.
2. Herr und Frau Lindner wohnen in Leipzig, _____ Kinder studieren in Italien.
3. Sind das _____ Disketten, Karl?
4. Gehören die Schlüssel Walter? – Ja, das sind _____.
5. Das ist Herr Meyer, er ist _____ Lehrer.
6. Was machen eure Kinder? – _____ Sohn studiert in Tübingen und _____ Tochter lebt in Frankfurt.
7. Wo ist _____ Wagen? – Unsere Kinder haben ihn.
8. Was machen _____ Eltern? – Unsere Eltern? Die leben in Neustadt.

Kinderzählreim:
Eins, zwei, Polizei!
Drei, vier, Offizier!
Fünf, sechs, alte Hex!
Sieben, acht, gute Nacht!
Neun, zehn, schlafen geh'n!
Elf, zwölf, kommen die Wölf!

Zahlen

0	null				
1	eins	11	elf	21	einundzwanzig
2	zwei	12	zwölf	22	zweiundzwanzig
3	drei	13	dreizehn	23	dreiundzwanzig
4	vier	14	vierzehn	24	vierundzwanzig
5	fünf	15	fünfzehn	25	fünfundzwanzig
6	sechs	16	sechzehn	26	sechsundzwanzig
7	sieben	17	siebzehn	27	siebenundzwanzig
8	acht	18	achtzehn	28	achtundzwanzig
9	neun	19	neunzehn	29	neunundzwanzig
10	zehn	20	zwanzig	30	dreißig

S. 144

Kapitel 7

8 Fragen und antworten Sie

▲ Wie alt bist du?
■ (Ich bin) zwanzig.

▲ Wo wohnst du?
■ Talstraße vierzehn.

▲ Wie ist deine Telefonnummer?
■ Drei - sieben - fünf - acht - zwei - eins.

▲ Wie heißt die Vorwahl von Frankfurt am Main?
■ Null – sechs – neun.

Berlin	030
Hamburg	040
Göttingen	0551
Weimar	03643
Bonn	0228
Marburg	06421
Frankfurt/Main	069
Deutschland	0049
Schweiz	0041
Österreich	0043
Liechtenstein	0041

9 Zahlenbingo

Schreiben Sie Zahlen zwischen 0 und 40 in die Kästchen.

Zahlen

10	zehn
20	zwanzig
30	dreißig
40	vierzig
50	fünfzig
60	sechzig
70	siebzig
80	achtzig
90	neunzig
100	(ein-)hundert
101	hunderteins
102	hundertzwei
103	hundertdrei
200	zweihundert
300	dreihundert
1000	(ein-)tausend
2000	zweitausend
10 000	zehntausend
1 000 000	eine Million
2 000 000	zwei Millionen
1 000 000 000	eine Milliarde

S. 144

Kapitel 7 | 47

Im Tante-Emma-Laden

Verkäufer: Bitte schön?
Kunde: 100 Gramm Käse, bitte.
Verkäufer: Noch etwas?
Kunde: Ja, ein halbes Pfund Butter.
Verkäufer: Und noch etwas?
Kunde: Ja, was kostet der Kaffee?
Verkäufer: Wir haben ein Sonderangebot, 500 Gramm kosten nur 3,40 Euro.
Kunde: Dann bitte zwei Pfund.
Verkäufer: Und noch etwas?
Kunde: Danke, nichts mehr, das ist alles. Wie viel macht das?
Verkäufer: 9,90 Euro, bitte.
Kunde: Entschuldigung, ich habe es nicht klein. Ich habe nur einen Fünfzigeuroschein.
Verkäufer: Das macht nichts, hier sind 40,10 Euro zurück.

10 Ergänzen Sie

Wie viel?

Bitte 100 *Gramm* Käse.

Gramm ◆ Liter
Pfund ◆ Pfennig
Kilo ◆ Euro

1. Zwei _____ Kaffee, bitte.
2. Bitte zwei _____ Milch.
3. Bitte zwei _____ Kartoffeln.
4. Ich möchte 200 _____ Schinken.
5. Das macht fünfundzwanzig _____ zehn.
6. Das ist nicht teuer, das kostet nur fünfzig _____. (0,30 Euro).
7. Ich möchte ein halbes _____ Butter.

11

alles – etwas – nichts?

Noch **etwas?** – Nein, danke, **nichts** mehr.

1. Bitte _____ Schinken, 100 oder 150 Gramm.
2. Ist das _____? – Ja, danke.
3. Noch etwas? – Nein, danke, das ist _____ .
4. Ich verstehe _____, kein Wort.
5. Entschuldigung! – Das macht _____!
6. Sprechen Sie Deutsch? – Ja, _____.

48 | Kapitel 7

Preis-, Maß- und Mengenangaben

zehn Euro   fünfzig Cent   drei Franken   zehn Rappen
fünf Dollar   hundert Gramm   zwei Pfund   drei Kilo
vier Liter

Preise, Maß- und Mengenangaben (Maskulin/Neutrum)
stehen im Singular:
Drei Pfund Kartoffeln, bitte!
Hast du **fünfzig Cent**?
Hundert Gramm kosten 2,50 Euro.

Das Verb steht im Singular oder Plural:
Ein Liter **kostet** 1,40 Euro.
Drei Liter **kosten** 3,80 Euro.

Aber (Feminin):
zwei Schachtel**n** Zigaretten   drei Tafel**n** Schokolade
zwei Flasche**n** Wein   vier Dosen/Büchsen Bier

S. 145

12 Schreiben Sie

Wie viel kostet das?

3,20 Euro   *drei Euro zwanzig*

1,10 Euro ✦ 4,50 Euro ✦ 17,20 Euro
0,55 Euro ✦ 1,17 Euro ✦ 0,20 Euro
12,21 Euro ✦ 11,45 Euro ✦ 9,25 Euro
8,80 Euro ✦ 0,50 Euro

13 Fragen und antworten Sie

Im Supermarkt – Lesen Sie die Angebote.

▲ Was kostet der Käse?
● Der kostet _____ Euro.

▲ Was kosten 100 g Käse?
● 100 g Käse kosten _____ Euro.

Lebensmittelfachmarkt SPAR

Bier		Butter	
Löwenbräu Pils	11,24	250g	1,43
24 Flaschen à 0,33 Ltr.		Kartoffeln	
Krumbacher Mineralwasser		5 kg	3,53
12 Flaschen à 0,7 Ltr.	3,31	Salatgurke	
CocaCola Fanta Sprite		Stück	1,27
1 Ltr. Flasche	0,92	Paprika	
Orangensaft/Apfelsaft		500 g	2,30
1 Ltr. Flasche	0,70	Tomaten	
Pfälzer Weißwein		500g	1,27
1 Ltr. Flasche	3,27	Salat-Öl	
Deutscher Sekt		0,5 Ltr. Flasche	1,51
0,7 Ltr. Flasche	4,09	Zucker	
Jakobs Krönung Kaffee		1 kg Packung	1,17
500 g Packung	3,97	Gewürze	
Früchtetee		Paprika 100 g	1,63
250 g Packung	0,71	Pfeffer 100 g	1,07
Brötchen		Mehl 1 kg Packung	0,97
8 Stück	1,84	Wurst	
Vollkornbrot		Salami 100g	1,73
500 g	1,07	Schinken 100g	1,94
Käse		Aufschnitt 100g	1,32
Esrom 100g	1,02	Kotelett	
Bauernkäse 100g	0,66	1 kg	8,18
Jogurt pur		Rindersteak	
500g	0,75	1 kg	14,31
Eier		Eis (Nuss/Schokolade)	
10 Stück	1,79	500g	1,02
Milch		Äpfel	
1 Ltr.	0,84	1 kg	1,22
Marmelade		SCHWAN Vollwaschmittel	
Erdbeer, Aprikose, Holunder, Kirsch		3 kg	7,15
		SUN Spülmittel	
450g Glas	1,43	0,75 Ltr. Flasche	1,27

14 Ergänzen Sie

```
kaufen!!!
3 Orange...
1 Kilo Traube...
1 Pfund Zwiebel...
3 Kilo Kartoffel...
12 Ei...
5 Apfel
6 Flasche...   Bier
3 Schachtel... Zigaretten
Streichholz...
```

15 Ergänzen Sie

Heute Abend kommen Freunde. Sie machen ein kaltes Abendessen.
Was brauchen Sie? Schreiben Sie einen Einkaufszettel.

LERNTIPP

Schreiben Sie wichtige Nomen mit Artikel
und Plural in ein Vokabelheft, bilden Sie Sätze
und lernen Sie:

der Schlüssel, –   Sind das deine Schlüssel?
die Orange, -n   Bitte ein Pfund Orangen!
die Briefmarke, -n Bitte zehn Briefmarken!

50 | Kapitel 7

Berlin

1-Zi.-Whg., 35,34 m², Euro 100.060,–
2-Zi.-Whg., 55,32 m², Euro 152.314,–
3-Zi.-Whg., 72,47 m², Euro 183.400,–

Baustellencontainer Berlin, Moissistraße

NEU LEIPZIG NEU

***Gewerbefläche,** 193 m²   Euro 408.522,–
***Gewerbefläche,** 48,9 m²   Euro 116.260,–
***Gewerbefläche,** 86,6 m²   Euro 194.240,–

Schlafzimmer 23 m²
WC 2 m²
Küche 14 m²
Balkon 9 m²
Bad/WC 7 m²
Kammer 7 m²
Flur 26 m²
Kinderzimmer 20 m²
Wohnzimmer 27 m²
Eingang

LANDHAUS IM MÜNCHNER SÜDEN

In Dorfen bei Icking, ca. 25 km südlich von München, bieten wir Ihnen eine repräsentative Landhausvilla mit einem ca. 3200 m² großen Grundstück an. Die 7-Zimmer-Villa hat ca. 234 m² Wfl. und wurde 1948 in massiver Ziegelbauweise erstellt. Durch laufende Instandhaltungen ist das Haus in einem guten Zustand. Die Aussicht auf die Berge, über Wolfratshausen und das Isartal werden Sie genießen!
Kaufpreis   **Euro 992.000,-**

---

1 *Beschreiben Sie die Wohnung*

Die Wohnung hat _____ Zimmer, _____.

Das Wohnzimmer hat _____ m², es geht nach _____.

_____.

_____.

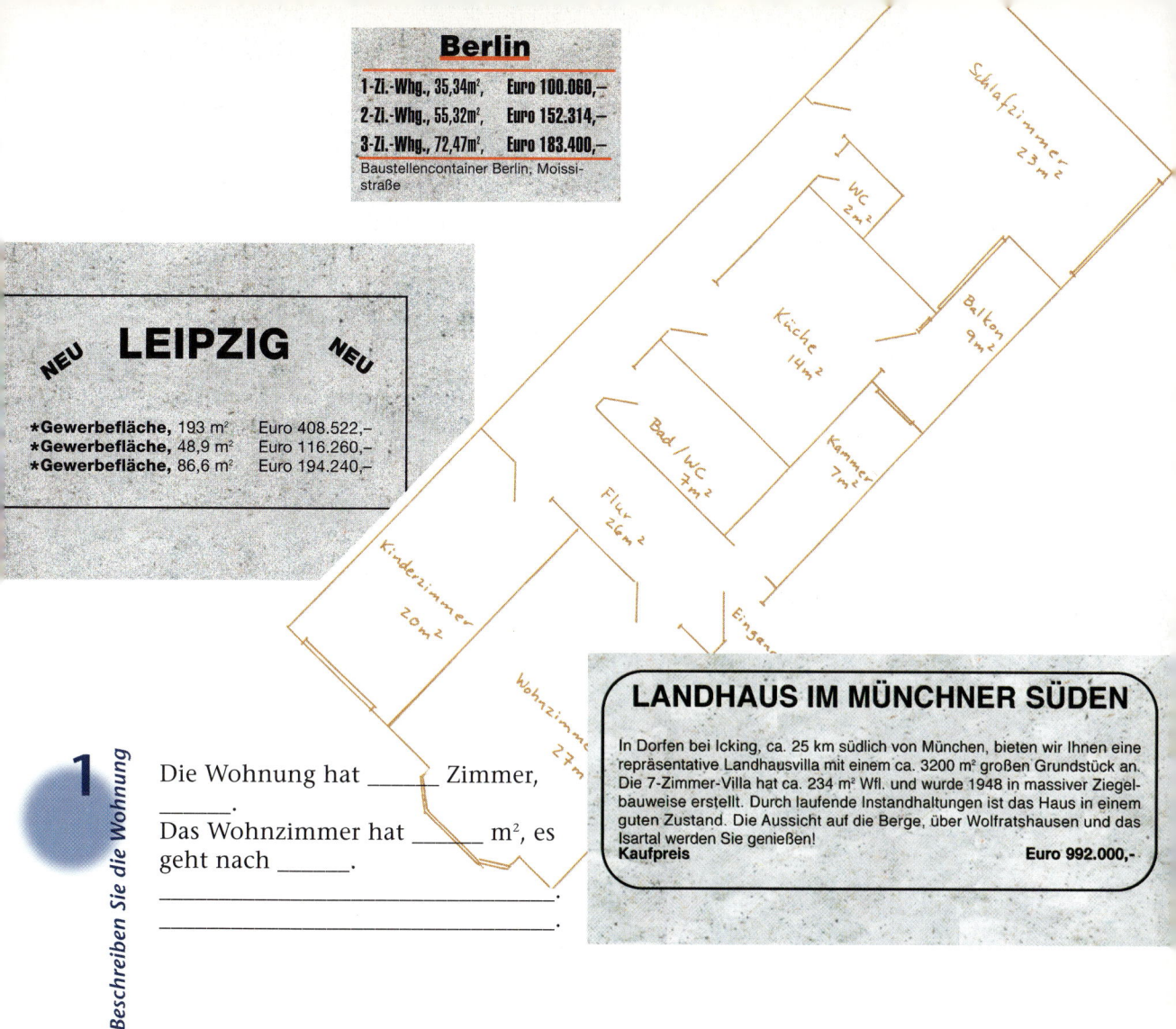

2 *Beschreiben Sie die Angebote*

Objekt	Wohnfläche	Zimmer	Preis
Unterhaching bei München			
Landhaus im Süden von München			
Wohnungen in Leipzig			
Wohnanlage in Berlin			

Kapitel 8

3 Fragen und antworten Sie

▲ Wie viel kostet eine Wohnung in Unterhaching?
● _____
▲ Wie groß ist sie?
● _____
▲ Wie viele Zimmer hat sie?
● _____

UNTERHACHING BEI MÜNCHEN

1-Zimmer Whg.	34,01 qm Wfl.	Euro 123.463,- mit Loggia
1,5-Zimmer Whg.	40,16 qm Wfl.	Euro 136.548,- mit Balkon
2-Zimmer Whg.	52,19 qm Wfl.	Euro 158.772,- mit Garten
4-Zimmer Whg.	93,37 qm Wfl.	Euro 315.080,- mit Garten

4 *Ein Wohnungsangebot*

Herr Lehmann sucht eine Wohnung oder ein kleines Haus. Die Immobilienfirma Immowest hat ein Angebot. Wo sind Wunsch und Angebot gleich?

Wunsch von Herrn Lehmann	Angebot von Immowest
Wohnung in Düsseldorf	
kleines Haus in Düsseldorf	
Stadtmitte	
ruhig	
Balkon	
Wohnzimmer nach Süden	
unter Euro 250 000,–	

5 *Ist die Beschreibung richtig? Ja oder nein?*

		ja	nein	Ihre Korrektur
1.	Die Wohnung liegt im Zentrum.	▪	▪	_____
2.	Es ist eine Drei-Zimmer-Wohnung.	▪	▪	_____
3.	Sie ist neu.	▪	▪	_____
4.	Sie braucht keine Reparaturen.	▪	▪	_____
5.	Sie hat ein Bad mit Toilette.	▪	▪	_____
6.	Sie ist ungefähr 100 m² groß.	▪	▪	_____
7.	Die Küche hat einen Balkon nach Süden.	▪	▪	_____
8.	Die Wohnung hat einen Keller.	▪	▪	_____
9.	Die Zimmer gehen nach Osten.	▪	▪	_____
10.	Die Wohnung kostet eine viertel Million.	▪	▪	_____

Hören Sie das Gespräch noch einmal und korrigieren Sie.

6 Ergänzen Sie

Unser Haus

Wir haben ein klein_____ Haus. Es hat vier schön_____ Zimmer und eine modern_____ Küche. Wohn- und Esszimmer haben eine groß_____ Terrasse, das Schlafzimmer hat einen klein_____ Balkon. Das Haus hat einen schön_____ Garten und eine klein_____ Garage.

7 Wie heißen die Telefonnummern?

1. Privatnummer: _____
2. Handynummer: _____
3. Büronummer, Zentrale: _____
4. Direkte Büronummer (= Durchwahl): _____

Telefonieren in Berlin, 1884

8 Lesen Sie die Jahreszahlen.

1994 – *neunzehnhundertvierundneunzig*
2001 – *zweitausendeins*

1939 bis 1945 ✦ 1914 bis 1918 ✦ 1789
1969 ✦ 1492 ✦ 1917 ✦ 1957 ✦ 1990
1961 ✦ 1945

9 Wann war das?

der Sputnik im Weltall: 1957

der 1. Weltkrieg ✦ Atombomben auf Hiroshima und Nagasaki
die Französische Revolution ✦ die Entdeckung Amerikas
der Sputnik im Weltall ✦ die deutsche Vereinigung ✦ der 2. Weltkrieg
die DDR baute die Mauer in Berlin ✦ der erste Mensch auf dem Mond
die bolschewistische Revolution in Russland

Kapitel 8

10 Geist und Geld

Bettina von Arnim, geb. Brentano, lebte von 1785 bis 1859. Sie war Schriftstellerin und hatte Kontakte zu Goethe, Alexander von Humboldt, Clara Schumann und den Brüdern Grimm.

Carl Friedrich Gauß (1777–1855) war Mathematiker, Physiker, Professor für Astronomie in Göttingen. Sein Buch „Disquisitiones arithmeticae" (in lateinischer Sprache) ist die Basis der modernen Zahlentheorie.

Annette von Droste-Hülshoff (1797–1848), Dichterin aus Westfalen.

Balthasar Neumann (1687–1753), Ingenieur und Architekt. Er reiste nach Italien, Frankreich und in die Niederlande. Mit 32 Jahren plante er die Residenz in Würzburg, später die Kirche „Vierzehnheiligen".

Clara Schumann (1819–1896), Pianistin und Komponistin, Konzerte in ganz Europa.

Paul Ehrlich (1854–1915), Mediziner, Immunitätsforscher, Chemotherapeut. Direktor des Instituts für experimentelle Therapie in Frankfurt am Main. 1908 Nobelpreis für Medizin.

Maria Sibylla Merian (1647–1717), Malerin, Naturforscherin. Tochter des Graveurs Merian (Städtebilder). Mit 52 Jahren reiste sie nach Surinam in Südamerika. Sie machte viele zoologische Untersuchungen.

Die Brüder Wilhelm Grimm (1786–1859) *und Jacob Grimm* (1785–1863) waren Sprachwissenschaftler; sie sammelten deutsches Sprach- und Kulturgut. Autoren von „Deutsches Wörterbuch", 1. Ausgabe 1852, „Kinder- und Hausmärchen" (1812/1815)

11 Ergänzen Sie

1. Bettina von Arnim **lebte** von 1785 bis 1859. Sie _____ Schriftstellerin und _____ Kontakte zu Goethe und Alexander von Humboldt.
2. Balthasar Neumann _____ Architekt. Er _____ im achtzehnten Jahrhundert in Süddeutschland und _____ mit 32 Jahren die Residenz in Würzburg. Er _____ nach Italien, Frankreich und in die Niederlande.
3. Die Brüder Grimm _____ Sprachwissenschaftler. Sie _____ deutsches Sprach- und Kulturgut, z. B. Märchen.
4. Maria Sibylla Merian _____ nach Surinam und _____ dort viele zoologische Untersuchungen.

Bertolt Brecht, Schwächen

Du hattest keine
Ich hatte eine:
Ich liebte.

Das Präteritum

	leben	arbeiten	haben	sein
ich	lebte	arbeitete	hatte	war
du	lebtest	arbeitetest	hattest	warst
er/es/sie	lebte	arbeitete	hatte	war
wir	lebten	arbeiteten	hatten	waren
ihr	lebtet	arbeitetet	hattet	wart
sie/Sie	lebten	arbeiteten	hatten	waren

wohnen	antworten
machen	kosten
reisen	bilden
studieren	öffnen

S. 136

Goethe **lebte** von 1749 bis 1832.
Hattest du keine Lust?
Wo **wart** ihr gestern? – Wir **waren** zu Hause.
Er **antwortete** nicht.

Die Stadt Weimar ist nicht nur in Deutschland bekannt. Im 18. Jahrhundert lebte Goethe in Weimar, auch sein Freund Friedrich Schiller und andere Dichter. Junge Engländer, Polen, Russen, Italiener usw. reisten nach Weimar, denn die Stadt war ein literarisches Weltzentrum.

Denkmal von Goethe und Schiller
in Weimar

Kapitel 8

12 Ergänzen Sie

Goethe und seine Zeit
Johann Wolfgang Goethe **_lebte_** von 1749 bis 1832.

1. Er _____ in Leipzig und Straßburg Jura.
2. 1771, mit 22 Jahren, _____ er sein Examen.
3. Mit 24 Jahren _____ er ein bekannter Dichter.
4. 1775 _____ Goethe nach Weimar.
5. 1775 _____ die Stadt Weimar nicht groß.
6. Weimar _____ circa 6000 Einwohner und _____ die Hauptstadt von Sachsen-Weimar-Eisenach. Heute _____ dort 61 000 Menschen.
7. 1785 _____ Goethe eine Reise nach Italien. Die Reise von Weimar über München und Innsbruck _____ eine Woche.

leben ✦ studieren ✦ reisen
dauern ✦ machen
haben ✦ sein

13 Ergänzen Sie

Mein Leben

Ich wurde 19___ in _____ geboren.

1. Von _____ bis _____ _____ ich die Schule in _____. (besuchen)
2. _____ _____ ich das Abitur. (machen)
3. Von _____ bis _____ _____ ich bei der Firma _____. (arbeiten)
4. Ich _____ kein Geld und _____ bei meinen Eltern. (haben/wohnen)
5. Es _____ eine schöne Zeit. (sein)
6. Von _____ bis _____ _____ ich _____ in _____. (studieren)
7. _____ _____ ich mein Examen. (machen)
8. _____ _____ ich. (heiraten)
9. Jetzt _____ ich _____ Jahre alt, _____ _____ _____, _____ Kinder, eine gute Arbeit und eine schöne Wohnung. (sein/haben)

LERNTIPP

Lernen Sie Ihren Lebenslauf auswendig.

Kapitel 8

Kapitel 9

Kellner: Bitte schön?
1. Gast: Einen Whisky. Und du? Was möchtest du?
2. Gast: Nur ein Mineralwasser.
Kellner: Und was möchten Sie?
3. Gast: Ich hätte gern ein Glas Weißwein.

1 Fragen und antworten Sie

▲ Was möchten Sie?
● Ein Bier bitte. / Ich möchte ein Bier. / Ich hätte gern ein Bier.

▲ Was hätten Sie gern?
● Ein Stück Apfelkuchen mit Sahne.
■ Und ich nehme ein Stück Schokoladentorte und eine Tasse Kaffee.

> ein Stück Schwarzwälder ◆ ein Stück Erdbeertorte ◆ Apfelkuchen mit Sahne ◆ Käsekuchen ◆ Eis mit Sahne ◆ ein Kännchen Kakao ◆ eine Tasse Tee

möchte – hätte – wäre

	mögen	haben	sein
ich	möchte	hätte	wäre
du	möchtest	hättest	wär(e)st
er/es/sie	möchte	hätte	wäre
wir	möchten	hätten	wären
ihr	möchtet	hättet	wär(e)t
sie/Sie	möchten	hätten	wären

Was **möchten** Sie? – Ich **hätte** gern einen Kaffee.

möchte ist eine Konjunktivform von *mögen*.
möchte drückt einen Wunsch aus:
Ich **möchte** einen Kaffee.
Ich **möchte** nach Griechenland.

hätte ist eine Konjunktivform von *haben*, *wäre* ist eine Konjunktivform von *sein*.
hätte gern und *wäre gern* drücken einen Wunsch aus:
Ich **hätte** jetzt **gern** Urlaub und **wäre gern** in Italien.

S. 140

2 Ergänzen Sie

Was möchten Sie?

Ich <u>*möchte*</u> einen Orangensaft.

1. Walter _____ ein Bier.
2. Und du? Was _____ du?
3. Ich _____ keinen Alkohol.
4. _____ ihr einen Tee? –
Ich gerne, aber Katja _____ einen Kaffee.
5. Wir _____ die Rechnung.

3 Ergänzen Sie

Wo wären Sie jetzt gerne?

1. Wo _____ du jetzt gern?
2. Ich _____ jetzt gern zu Haus.
3. Richard _____ gern in Prag.
4. Wir _____ auch gern dort.
5. Und wo _____ ihr gern?

4 Interview

Fragen Sie drei Partner. Was hätten sie gerne? Wo wären sie gerne? Berichten Sie.

Name	hätte gerne	wäre gerne
Silvia	eine Wohnung	in Griechenland
Carlos		

Silvia hätte gerne eine Wohnung. Sie wäre …

58 | Kapitel 9

Hartmut: Ich habe Hunger. Essen wir etwas?
Markus: Nein, ich habe keinen Appetit, ich möchte nur etwas trinken.
Hartmut: Durst habe ich auch.

Restaurant Barbarossa

Suppen
Nudelsuppe   2,90
Gulaschsuppe   3,50
Tomatensuppe mit Reis   2,80

Salate
Gemischter Salat   2,90
Großer Salat mit Schinken und Käse   4,40
Salat Nizza   3,80
Griechischer Bauernsalat   3,80

Hauptgerichte
Bratwurst mit Kartoffelsalat   3,90
Spagetti mit Fleischsoße   5,00
Hackbraten mit Nudeln und Salat   5,30
Gefüllte Paprika mit Kartoffeln   5,80
Kalbsleber mit Kartoffelpüree und gerösteten Zwiebeln   7,60
Schnitzel (Wiener Art) mit Pommes frites und Salat   8,30
Schweinekotelett mit Röstkartoffeln und Salat   8,10
Forelle blau mit Butter, Kartoffeln und Salat   10,60
Rumpsteak mit Champignons und Salat   14,00

5 *Fragen und antworten Sie*

▲ Möchtest du etwas essen?
● Ja, ein Schnitzel mit Salat. Und was möchtest du?
▲ Ich habe nicht viel Hunger, ich nehme nur eine Suppe.

▲ Wie schmeckt dir/Ihnen das Schnitzel?
● Danke, gut, es schmeckt mir gut.

▲ Möchtest du die Forelle?
● Ja, aber die kostet 10,60 Euro. Das ist mir zu teuer!

6 *Fragen und antworten Sie*

Trinken wir noch etwas?

▲ Trinken wir ein Bier?
■ Ja, trinken wir eins.

▲ Noch ein Bier?
■ Ja, noch eins.

▲ Noch ein Bier?
■ Nein, danke, keins mehr.

ein Bier ✦ einen Wein
einen Kaffee ✦ einen Whisky
eine Limo ✦ ein/eine Cola

Kapitel 9 | 59

Der unbestimmte Artikel als Pronomen

Singular

Nominativ

der Kellner	Ich suche einen Kellner. – Da kommt **einer**.
das Restaurant	Wo gibt es ein Restaurant? – Da ist **eins**.
die Speisekarte	Ich brauche eine Speisekarte. – Da liegt **eine**.

Akkusativ

Möchten Sie auch ein**en** Wein? – Ja bitte, ich nehme auch ein**en**.

noch ein-?   –   kein- mehr

Noch **einen** Kaffee?	–	Nein danke, **keinen** mehr.
Noch **ein** Bier?	–	Nein, **keins** mehr.
Noch **eine** Limo?	–	Nein, **keine** mehr.

Plural

Im Plural gibt es keinen unbestimmten Artikel (Null-Artikel):
Fotos   Menschen   Tage

Ich habe keine Zigaretten mehr. Hast du noch **welche**? –
Nein, ich habe auch keine mehr.

S. 148
S. 155

7 Ergänzen Sie

Nein, danke, nichts mehr!

Noch etwas Kaffee? – Danke, <u>**keinen mehr.**</u>

1. Noch ein Bier? – Danke, _____.
2. Noch eine Zigarette? – Nein, heute _____.
3. Noch ein Stück Kuchen? – Danke, _____.
4. Noch einen Tee? – Danke, _____.
5. Noch etwas Sahne? – Danke, nein, _____.
6. Möchten Sie noch etwas Salat? – Nein, bitte _____.
7. Noch etwas Obst? – Nein, danke, _____.
8. Trinkst du noch einen Wein? - Ich möchte _____.
9. Ich habe _____ Geld _____.
10. Ich habe _____ Zeit _____, der Unterricht beginnt in fünf Minuten.
11. Bitte _____ Übung _____, es ist genug.

8 Im Restaurant. Sie arbeiten als Kellnerin. Was bestellen die Gäste?

Bestellung	1. Gast	2. Gast
Cola	■	■
Mineralwasser	■	■
Bier	■	■
Menü I	■	■
Menü II	■	■
Suppe	■	■
Schnitzel	■	■
Würstchen	■	■
Forelle	■	■
Sauerkraut	■	■
Omelett	■	■
Salat	■	■
Kompott	■	■
frisches Obst	■	■
Pudding	■	■
Kuchen	■	■
Eis	■	■
Kaffee	■	■

9 Planen Sie ein Essen für Ihre Freunde. Was kochen Sie? Was gibt es? Benutzen Sie ein Wörterbuch und schreiben Sie.

Als Vorspeise gibt es _____. Als Hauptgericht mache ich _____.
Zum Nachtisch bekommen meine Gäste _____. Als Getränke gibt es _____.

10 *Bilden Sie Wörter*

Zwei Möglichkeiten und zwei Fragen

Glas	Wein
Flasche	Kaffee
Tasse	Milch
Kännchen	Suppe
Teller	Bier
Dose	Tee

die Tasse, der Kaffee: die Kaffeetasse/
eine Tasse Kaffee

Wo ist denn die Kaffeetasse?
Möchtest du noch eine Tasse Kaffee?

*Guter Kaffee ist
schwarz wie die Nacht
heiß wie die Hölle
und süß wie die Liebe*

Im Wiener Kaffeehaus

Kapitel 9 | 61

Euro und Franken

Kellner: Das macht 10,50 Euro, bittschön.
Gast: Nehmen Sie auch Franken?
Kellner: Ja, das ist kein Problem.
Gast: Und wie viel Franken macht das?

11

Wie viel Franken sind das?

MEHLSPEISEN

Apfelstrudel
Äpfel mit Butterbrösel, Rosinen und
Zimtzucker im Strudelteig 2,80

Topfenstrudel
Flaumige Topfenmasse
mit Rosinen im Strudelteig 2,80

Teekuchen
Ein Klassiker,
mit kandierten Früchten 2,10

Marmorgugelhupf
Wiener Spezialität
Der Kuchen zur Kaffeejause 2,10

Pariser Spitz
Mürbteigboden
mit Pariscreme 2,30

Schokomousse-Pyramide
Mandelmasse mit lockerem
weißen und dunklen Mousse 2,80

Diabetikertörtchen
Biskuit mit Topfencreme und Früchten
ca. 1,1 BE 2,80

So sagt man in Österreich

D	A
die Kneipe	das Beisl
das Rinderfilet	der Lungenbraten
der Kuchen	die Mehlspeise
grüne Bohnen	Fisolen
die Schlagsahne	das Schlagobers
gekochtes Rindfleisch mit Knochen (Bein)	das Beinfleisch
der Milchkaffee	die Melange
Speise aus Hackfleisch	das Faschierte

Konjunktionen

und   oder   sondern   aber   denn

Adam	**und**	Eva
Ich	**oder**	du?
Das ist schön,	**aber**	teuer.
Nicht ich,	**sondern**	du.
Ich möchte ins Kino,	**aber**	ich habe kein Geld.
Ich gehe nicht ins Kino,	**denn**	ich habe kein Geld.

Konjunktionen verbinden Satzteile und Sätze.

Vor *aber, sondern, denn* steht ein Komma.
Vor *und, oder* steht kein Komma:
Das Essen war teuer und ich hatte kein Geld!

S. 150

"ARBEIT IST SÜSS ABER ICH BIN DIABETIKER"

12 Verbinden Sie

Kaffee *und* Kuchen

1. Ich möchte essen gehen, _____ ich habe kein Geld.
2. Ich möchte kein Steak, _____ einen Schweinebraten.
3. Bitte einen Kaffee _____ einen Kognak.
4. Wer zahlt? Du _____ ich?
5. Möchtest du ein Stück Obstkuchen _____ Schokoladentorte?
6. Was machen wir jetzt? Gehen wir essen _____ trinken wir nur einen Kaffee? – Gehen wir in ein Café, _____ ich habe nur wenig Zeit.
7. Ich trinke nie Kaffee, _____ mein Freund trinkt viel Kaffee, den ganzen Tag nur Kaffee.

13 Was isst du zum Frühstück?

Frühstück für zwei

Kapitel 9 | 63

14 *Verbinden Sie*

Ich esse kein Fleisch.   Weißwein.
Bitte einen Kaffee.   Wir essen etwas.
Bitte noch einen Kognak.   Zu Hause esse ich viel Gemüse.
Gehen wir in ein Restaurant.   Bringen Sie die Rechnung.
Möchtest du Rotwein?   Ich bin Vegetarier.
Im Restaurant esse ich kein Gemüse.   Einen Kognak.

Ich esse kein Fleisch, denn ich bin Vegetarier.

15 *Bilden Sie Wörter*

Alles aus Kartoffeln

Bratkartoffeln | braten ✦ Suppe ✦ Salat
                       | Puffer ✦ Brei ✦ Schnaps ✦ Klöße

Der Mensch ist, was er isst.
(Ludwig Feuerbach, Philosoph, 1804-1872)

LERNTIPP

Lernen Sie Preise und Kosten auf Deutsch, z.B. die Wohnungsmiete, die Sprachkursgebühr, den Preis für eine Busfahrt.

Lesen Sie die Preise auf einer Speisekarte, beim Einkauf usw. auf Deutsch.

Lesen Sie alle Zahlen, die Sie täglich sehen auf Deutsch : Hausnummern, Buslinien usw.

Zum Mitnehmen/Take away

Pizza		Euro 1.80
Börek		Euro 3.10
1/2 Hend'l		Euro 3.10
Rindsbratwurst	1 Stc	Euro 1.80
Polnische Bratwurst	1 Stc	Euro 1.80
Gulaschsuppe		Euro 2.60
Vegetarisches Sandwich		Euro 3.10
Dönerkebap in Brot		Euro 3.10
Portion Dönerkebap		Euro 6.40
Kotelett mit Pommes –Frites		Euro 5.60
Pommes Frites		Euro 4.10

Kapitel 9

Kapitel 10

Kunde: Ich möchte nach Berlin. Gibt es einen Nachtzug?
Angestellte: Ja, abends um 23.07 Uhr gibt es einen D-Zug.
Kunde: Und wann ist der dann in Berlin?
Angestellte: Am nächsten Morgen um 9.39 Uhr.
Kunde: Haben Sie am Freitag noch einen Platz im Liegewagen?
Angestellte: Leider nicht, der Liegewagen ist ausgebucht, es gibt nur noch Schlafwagenplätze.

1 *Fragen und antworten Sie*

- Wie viel Uhr ist es? / Wie spät ist es?
- Vier Uhr. / Es ist vier. / Es ist vier Uhr.

- In Vancouver ist es 4 Uhr. Wie viel Uhr ist es in London?
- In London ist es 12 Uhr.

Die offiziellen Uhrzeiten	
00.12	null Uhr zwölf
7.05	sieben Uhr fünf
14.30	vierzehn Uhr dreißig

Tokio · Chicago · Amsterdam · Athen
New York · Sydney · Vancouver · London
Paris · Bombay · Hongkong · Kuwait

Abfahrt — Departures — Départ — DB

Zeit	Zuglauf			Ziel	Gleis	Hinweis
9 25		Salzburg	Linz Wien Westbf.	BUDAPEST	13	mit Zuschlag
9 28	RE	Freising Landshut	Plattling	PASSAU	23	
9 30		Kufstein Innsbruck	Verona Bologna	ROMA	15	mit Zuschlag
9 30	SE	Holzkirchen		TEGERNSEE/LENGGR	35	
9 35	IR	Ingolstadt Ansbach		WUERZBURG	26	
9 38	IR	Rosenheim Freilassing		SALZBURG	16	
9 41	ICE	Augsburg Stuttgart	Mannheim	FRANKFURT/MAIN	19	besonderer Fahrpreis
9 42	S8			FLUGH./AIRPORT	S	
9 48	RE	Freising Landshut	Regensburg Neumarkt	COBURG	21	
9 51	ICE	Augsburg Nürnberg	Kassel Hannover	HAMBURG	18	besonderer Fahrpreis

München Hbf → Berlin Hbf
Fahrplanauszug – Angaben ohne Gewähr –

674 km

ab	Zug		Umsteigen	an	ab	Zug		an	Verkehrstage	
4.50	IC 808	✗						12.15	Mo – Sa	01
4.50	IC 808	✗						12.26		02
6.51	IC 806	✗						14.15	täglich	03
6.51	IC 806	✗						14.26		02
8.49	IC 804	✗						16.15	täglich	03
8.49	IC 804	✗						16.26		02
10.51	IC 812	✗						18.15	täglich	03
10.51	IC 812	✗						18.26		02
12.51	IC 802	✗						20.15	täglich	03
12.51	IC 802	✗						20.26		02
14.51	IC 702	✗						22.15	täglich	03
14.51	IC 702	✗						22.26		02
23.07	D 1561	🚌 🍴	Leipzig Hbf	5.58	7.26	IC 706	✗	9.39	täglich	

01 = nicht 6., 8., 22., 29. Jun, 6., 13., 20. Jul
02 = 8., 22., 29. Jun, 6., 13., 20. Jul
03 = nicht 8., 22., 29. Jun, 6., 13., 20. Jul

2 Fragen und antworten Sie

▲ Um wie viel Uhr fährt ein Zug nach _____?
● Um _____.

3 Fragen und antworten Sie

▲ Um wie viel Uhr fährt ein Zug nach Berlin?
● Um _____ Uhr.
▲ Das ist mir zu früh. Gibt es später noch einen Zug?
● Ja, um _____ Uhr.
▲ Wann gibt es einen Zug nach Berlin?
● Um _____ Uhr.
▲ Und wann bin ich dann in Berlin?
● Um _____ Uhr.

Satzstellung im Hauptsatz

	Position II	
Ich	fahre	morgen nach Hamburg.
Morgen	fahre	ich nach Hamburg.
Wann	fährst	du morgen nach Hamburg?
	Fährst	du morgen nach Hamburg?

Das konjugierte Verb steht immer in Position II.

4 Ändern Sie die Sätze

Ich fahre morgen nach Berlin.

Morgen fahre ich nach Berlin.

1. Ich arbeite morgen nicht.
2. Wir arbeiten am Freitag nicht.
3. Ich gehe um sechs Uhr nach Hause.
4. Er war gestern in Hamburg.

S. 152

5 Schreiben Sie Sätze

Wie viele Sätze sind möglich?

um 22 Uhr – nach Berlin – Zug – fahren

Um zweiundzwanzig Uhr fährt ein Zug nach Berlin.
Nach Berlin fährt ein Zug um zweiundzwanzig Uhr.
Fährt um zweiundzwanzig Uhr ein Zug nach Berlin?
Der Zug nach Berlin fährt um zweiundzwanzig Uhr.

1. kommen – aus Paris – der Zug – um acht
2. gestern – sein – Frankfurt – ich
3. ein Zug – fahren – wann – nach Leipzig

Region Europa

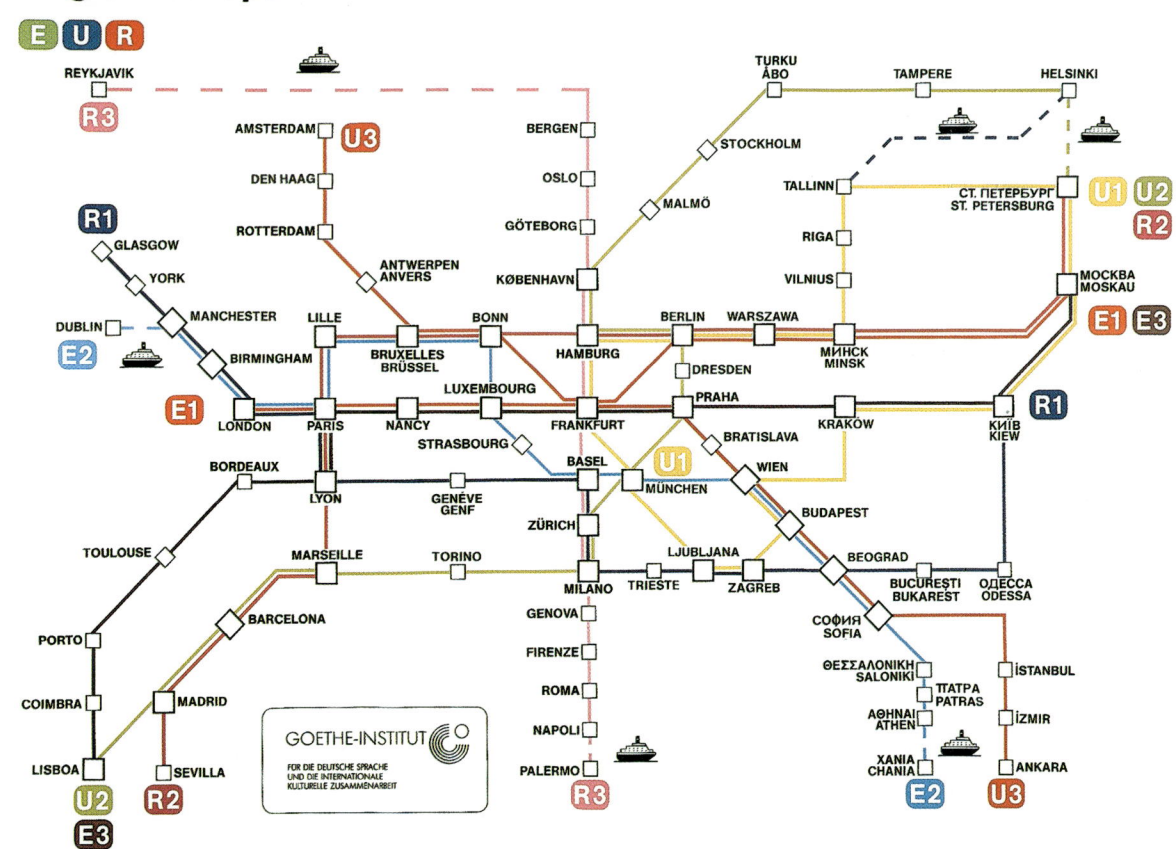

6 Fragen und antworten Sie

▲ Ich möchte von Kiew nach Rom. Wie fahre ich da?
■ Nehmen Sie in Kiew die R1 und fahren Sie bis Frankfurt. Dort steigen Sie in die R3 und fahren nach Rom.

Kapitel 10 | 67

7 Fragen und antworten Sie

▲ Wie kommst du nach Hause? Nimmst du die Bahn?
● So spät fährt keine Bahn mehr, ich nehme ein Taxi.

▲ Wie komme ich nach Mühldorf?
■ Siehst du dort die Bahn? Die fährt nach Mühldorf.

| Bahn ✦ Bus ✦ U-Bahn
| Straßenbahn ✦ Zug

▲ Wie kommen wir nach Haus?
● Nehmen wir die Bahn!
▲ Jetzt fährt keine Bahn mehr.
● Dann gehen wir eben zu Fuß.
▲ Das ist aber weit!
● Dann nehmen wir ein Taxi!
▲ Das ist teuer. Hast du denn genug Geld?

Im Hauptbahnhof Zürich

Unregelmäßige / starke Verben – Das Präsens

	nehmen	essen	geben	sehen	fahren
ich	nehme	esse	gebe	sehe	fahre
du	nimmst	isst	gibst	siehst	fährst
er/es/sie	nimmt	isst	gibt	sieht	fährt
wir	nehmen	essen	geben	sehen	fahren
ihr	nehmt	esst	gebt	seht	fahrt
sie/Sie	nehmen	essen	geben	sehen	fahren
		sprechen	lesen	halten	

Starke Verben ändern oft den Stammvokal:
halten – hält

Fährt der Bus nach München?

Manchmal ändern sie auch den Konsonanten:
nehmen – nimmt

Nimmst du ein Taxi?

Verben + Akkusativ:

nehmen sehen essen lesen es gibt „möchte-"

Was **nimmst** du? – Einen Salat. – **Es gibt** keinen Salat.
Siehst du den Kellner?

S. 133
S. 141

68 | Kapitel 10

8 Ergänzen Sie

Bestimmt, unbestimmt, negativ?

Nehmen wir **ein** Taxi oder **den** Bus dort? – Ich sehe **kein** Taxi.

1. Nehmen wir _____ Taxi hier.
2. Wie kommst du nach Haus? – Ich nehme _____ U-Bahn.
3. Nimmst du _____ Taxi? – Nein, ich gehe zu Fuß.
4. Fährt _____ Bahn nach Burgstadt?
5. Hält _____ Bus in Lösenbach?
6. Siehst du da _____ Mercedes? – Das ist doch _____ Mercedes, das ist _____ Toyota.
7. Ich möchte _____ BMW.
8. Wir möchten zwei Kinder, _____ Jungen und _____ Mädchen.
9. Unser Sohn isst nichts, er hat _____ Appetit.
10. Wer ist das da im Fernsehen? – _____ Kultusminister.

Gehen wir zu Fuß oder nehmen wir einen Hund?

9 Ergänzen Sie

Wie kommt Monika nach Haus? – Sie **nimmt** den Bus.

1. Was _____ du? Tee oder Kaffee? – Ich _____ nur ein Glas Wasser.
2. Ich mache eine Diät, ich _____ mittags nur etwas Obst.
3. Ich _____ die Rechnung. Wo ist der Kellner? _____ du ihn?
4. _____ du kein Trinkgeld? – Nein, ich gebe selten Trinkgeld.
5. _____ du die Haltestelle da? – Wo? Ich _____ keine Haltestelle.
6. Was _____ du da? – Einen Krimi.
7. Ich _____ einen Parkplatz. Wo _____ hier ein Parkplatz? – Hier _____ es keinen Parkplatz, nur das Parkhaus im Zentrum.
8. _____ dieser Bus nach Hagen?
9. Heute _____ es ein Fußballspiel im Fernsehen.
10. Er _____ kein Wort Deutsch, nur Englisch.

10

Wie kommen Sie nach Hause?

Welche Verkehrsmittel fahren auch nachts?
Wie oft fahren sie? Wann fahren sie?

Ars Vivendi nach Ars Vivaldi.

MVV NACHTLINIEN

Wenn der Vorhang fällt, kommen 6 Bus- und 4 Trambahnlinien der MVV Nachtlinien zwischen ca. 1 Uhr und ca. 4 Uhr einmal pro Stunde – am Wochenende sogar alle halbe Stunde. Die Zugabe der S-Bahn: Außer im täglichen 20-Minuten-Takt bis Mitternacht bringen Sie S1 - S8 jetzt von Freitag auf Samstag und von Samstag auf Sonntag noch einmal spät in der Nacht sicher heim. Oder zurück ins Münchner Zentrum. Außerdem gibt's noch 4 regionale Nachtbuslinien.

MVV = Münchner Verkehrsverbund

11 Nummerieren Sie

Wo hören Sie das?

- Flugzeug
- Café
- Bahnhof
- zu Hause
- Radio
- Flughafen
- Kneipe
- Restaurant
- Straße
- Militär

12 Geben Sie Ratschläge

Nimm doch den Bus! | ~~Bus~~ ◆ Bahn ◆ Zug ◆ Taxi

Lies mal das Buch! | ~~das Buch~~ ◆ der Satz ◆ die Karte
der Text ◆ das Wort ◆ der Fahrplan

Nimm nicht so viel! | ~~nehmen~~ ◆ essen ◆ sprechen
trinken ◆ rauchen

13 Ergänzen Sie

<u>Geh</u> nach Haus, Klaus!
Fritz, <u>*sei*</u> nicht so frech.

1. Gute Nacht, _____ gut, Claudia! — schlafen
2. Kinder, _____ leise, Vater schläft. — sein
3. _____ nicht so viel, Ulrich, das macht dick! — essen
4. Bitte _____ das Geld morgen zurück, Herbert! — geben
5. Wie kommen wir nach Hause? – _____ den Bus! — nehmen
6. Bitte _____, Benjamin! — antworten
7. _____ Sie bitte ruhig! — sein
8. _____ nicht so viel, Heidi! — rauchen
9. _____ bitte langsam! — sprechen
10. _____ mich in Ruhe, Karl! — lassen
11. _____ Sie doch keine Angst, Frau Weiland! — haben

Der Imperativ

	machen	halten	nehmen	haben	sein
du	mach	halte	nimm	hab	sei
ihr	macht	haltet	nehmt	habt	seid
wir	machen wir	halten wir	nehmen wir	haben wir	seien wir
Sie	machen Sie	halten Sie	nehmen Sie	haben Sie	seien Sie

kommen   arbeiten   lesen
trinken antworten geben
gehen   essen
fahren   sehen
lassen   sprechen

Machen Sie das nicht!   **Gehen** wir zu Fuß!
Nehmt den Bus!   **Iss** nicht so viel!
Haben Sie keine Angst! **Seid** vorsichtig!
Lass das! (Mach das nicht!)

S. 139

Am Ende des Imperativsatzes steht ein Ausrufezeichen. (!)

Kapitel 11

Sri Lanka
Rundreise und Baden, Tour A 1
Doppelzimmer / lt. Programm
23-Tage-Reise am 01.11.98 ab Düsseldorf   Euro 1372,-

Mexico/Acapulco
Hotel Boca Chica
Doppelzimmer/Frühstück
16-Tage-Reise am 02.11.98   Euro 1114,-

Cuba/Havanna
Rundreise und Baden, Tour A 2
Doppelzimmer / lt. Programm
23-Tage-Reise am 02.11.98 ab Düsseldorf   Euro 1349,-

Jamaica
Mariner's Inn
Doppelzimmer / Frühstück
16-Tage-Reise am 01.11.98 ab Düsseldorf   Euro 1196,-

Thailand/Phuket
Rundreise und Baden, Tour C 3
Doppelzimmer / lt. Programm
16-Tage-Reise am 03.11.98 ab Düsseldorf   Euro 1687,-

1 Wohin möchten Sie? Was kostet die Reise? Wie lange dauert sie? Was bekommen Sie?

2 *Fragen und antworten Sie*

▲ Kennen Sie Mexiko?
● Ja, da war ich schon.

▲ Warst du schon einmal in Mexiko?
● Nein, noch nie. / Ich war noch nie in Mexiko.

▲ Waren Sie noch nie in Wien?
● Doch, ich war schon zweimal da.

3 Ergänzen Sie

Welch**e** Endung?

1. Welch_____ Reise buchen Sie?
2. Welch_____ Zug nehmen Sie?
3. Welch_____ Hotel möchten Sie?
4. Welch_____ Zimmer möchten Sie?
5. Welch_____ Tisch möchten Sie?
6. Welch_____ Städte in Deutschland kennen Sie?

4 Ergänzen Sie

Lesen Sie die Anzeigen und ergänzen Sie die Tabelle.

	Hotel Hammer	Ferienwohnung Reitz	Pension Wenzel	Hotel Hochkalter	Hotel Deutschmann
Zimmer mit WC/Bad	■	■	■	■	■
Zimmer mit WC/Dusche	■	■	■	■	■
Zimmer mit Balkon	■	■	■	■	■
Fernseher	■	■	■	■	■
Zimmertelefon	■	■	■	■	■
Parkplatz	■	■	■	■	■
Garage	■	■	■	■	■
Lift	■	■	■	■	■
Sauna	■	■	■	■	■
Solarium	■	■	■	■	■
Schwimmbecken	■	■	■	■	■
Fitnessraum	■	■	■	■	■
Whirlpool	■	■	■	■	■
Bar	■	■	■	■	■
Terrasse	■	■	■	■	■
TV-Raum	■	■	■	■	■
Kaminecke	■	■	■	■	■
Restaurant	■	■	■	■	■
Garten	■	■	■	■	■

5 Interview

Fragen Sie zwei Partner. Was möchten oder brauchen sie im Hotel? Was brauchen sie nicht? Berichten Sie.

Name	nötig	nicht nötig
Angelika	Bar	Schwimmbecken Disko Garten

Angelika möchte eine Bar, aber sie braucht keine Disko, keinen Garten ...

6 Ergänzen Sie

Wie ist das Hotel?

Das Hotel ist **modern**.

1. Das Hotel ist _____, es hat 100 Zimmer.
2. Die Zimmer sind _____, man hört nichts.
3. Die Zimmer sind _____. Sie haben zwei Fenster und einen Balkon.
4. Mein Zimmer ist nicht _____, es kostet nur 40 Euro.
5. Das Essen im Restaurant ist _____.

modern ✦ voll
groß ✦ gut ✦ ruhig
hell ✦ teuer

Kapitel 11

7 Fragen und antworten Sie

▲ Wie war das Zimmer?
● Ich hatte ein großes Zimmer.

~~groß~~ ✦ ruhig
hell ✦ billig

8

Wie heißt das Gegenteil?

groß	billig
teuer	dunkel
hell	laut
neu	schmutzig
ruhig	alt
sauber	klein
gut	schlecht
jung	

jung → alt
neu → alt

9

Sortieren Sie die Adjektive von Übung 8 und bilden Sie Sätze.

Personen	Sachen
alt	alt
jung	

Inge ist jung, sie ist vierzehn.
Das Auto ist alt, es ist von 1985.

10 Fragen und antworten Sie

▲ Ist das Hotel teuer?
● Das weiß ich nicht.
▲ Wissen Sie es vielleicht?
■ Ich weiß es leider auch nicht.

Ist das Hotel teuer?
Wie ist das Hotel?
Wie viel kostet ein Zimmer?
Gibt es dort eine Bar?

Ich weiß es nicht.

wissen	
ich	weiß
du	weißt
er/es/sie	weiß
wir	wissen
ihr	wisst
sie/Sie	wissen

S. 134

11 *Ergänzen Sie*

Wissen Sie das?

Wie ist das Restaurant? <u>**Wissen**</u> Sie das?

1. _____ ihr das? – Nein, das _____ wir nicht.
2. _____ du es vielleicht? – Das _____ ich leider auch nicht.
3. Vielleicht _____ es Roland. – Das glaube ich nicht, der _____ nie was.

12 *Fragen und antworten Sie*

▲ Wie ist das Hotel?
● Ich weiß nicht, wie das Hotel ist.

Wie ist das Hotel?
Wo ist das Hotel?
Wie viel kostet ein Zimmer?
Wie lange dauert die Reise?

Nebensätze – Indirekte Fragesätze

Fragesatz	Nebensatz		Endposition
Wer **ist** das?	Weißt du,	wer das	**ist?**
Wann **kommt** er?	Wir wissen nicht,	wann er	**kommt.**
Wo **wohnen** sie?	Ich weiß nicht,	wo sie	**wohnen.**
Wie viel **kostet** das Zimmer?	Wissen Sie,	wie viel das Zimmer	**kostet?**

Wie **heißt sie**?

Weißt du, wie **sie heißt**?

Man bildet diese Nebensätze mit allen W-Fragen: *wo, wie viel* usw.
Im Nebensatz steht das konjugierte Verb immer am Satzende.
Zwischen Haupt- und Nebensatz steht ein Komma (,).

S. 153

13 Berichten Sie

Was wissen Sie (nicht)?

Ich weiß nicht, wie viele Freunde Eva hat.
Ich weiß, wo Frank wohnt.

14 Ergänzen Sie

wissen oder kennen?

Kennen Sie das Hotel Krone?
Wissen Sie, wo das Hotel ist?

1. _____ du das Reisebüro Südtour?
2. Ist das ein gutes Reisebüro? – Das _____ ich nicht, ich _____ es nicht.
3. _____ ihr das Hotel Boca Chica? _____ ihr, wie es ist? – Das _____ wir auch nicht.
4. Frag doch mal die Leute dort, vielleicht _____ die, wie das Hotel ist.

15

Wie war das Hotel?

Lesen Sie die Hotelbeschreibung und hören Sie dann ein Gespräch.
War das Hotel wie die Beschreibung? Was war anders?

Hotel Miramar. Schöne, große Zimmer mit Balkon, WC und Bad. Swimming Pool, große Terrasse, Tennis, Minigolf. Zwei Restaurants, internationale Küche. Einzel- und Doppelzimmer.
Doppelzimmer mit Mittag- und Abendessen: Euro 50,– pro Person.

Schreiben Sie ein Inserat für das Hotel.

Orloj na Staroměstské radnici v Praze (15. století)

Astronomische Uhr am Portal des Altstädter Rathauses von Prag (15. Jahrhundert)

Kapitel 12

Von früh bis spät

Die informelle Uhrzeit

Es ist acht Uhr.
Es ist sieben Uhr.
Es ist zehn vor acht. /
　Es ist zehn Minuten vor acht.
Es ist Viertel vor acht.
Es ist zwanzig vor acht.
Es ist fünf nach halb acht.
Es ist zehn nach sieben.
Es ist Viertel nach sieben.
Es ist zwanzig nach sieben.
Es ist fünf vor halb acht.
Es ist halb acht.

1 *Fragen und antworten Sie*

▲ Wann kommst du morgen? /
　Um wie viel Uhr kommst du morgen?
● Um zwölf Uhr.

Wann kommst du morgen?
Wann gehen wir morgen essen?
Wann frühstückst du?
Wann gehst du zur Arbeit?
Wann isst du zu Mittag?
Wann gehst du nach Hause?
Wann isst du zu Abend?
Wann gehst du ins Bett?

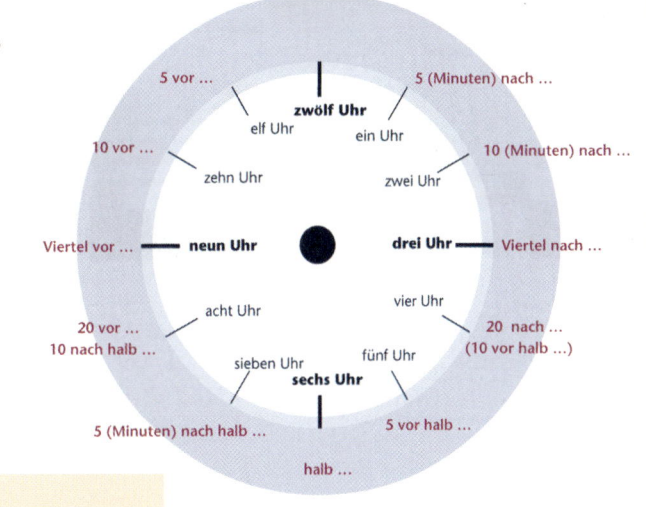

Uhr-Diagramm:
- zwölf Uhr
- 5 vor ... / 5 (Minuten) nach ...
- elf Uhr / ein Uhr
- 10 vor ... / 10 (Minuten) nach ...
- zehn Uhr / zwei Uhr
- Viertel vor ... / neun Uhr / drei Uhr / Viertel nach ...
- acht Uhr / vier Uhr
- 20 vor ... / 10 nach halb ... / 20 nach ... (10 vor halb ...)
- sieben Uhr / fünf Uhr
- sechs Uhr
- 5 (Minuten) nach halb ... / 5 vor halb ...
- halb ...

Wann?

kurz vor zwölf　um zwölf　Punkt zwölf　kurz nach zwölf
gegen zwölf / ungefähr um zwölf (kurz vor oder nach zwölf)

Bis wann? – Bis zwölf.

S. 150

2 Ergänzen Sie

Wann kommst du nach Haus?

1. _____ Uhr ist es? – Es ist genau zwölf, _____ zwölf.
2. Um _____ Uhr gehen wir?
3. Haben Sie einen Augenblick _____? – Ja, aber leider nur fünf _____.
4. Wie lange arbeitest du täglich? – Ungefähr acht _____.
5. Ich arbeite _____ neun Uhr morgens _____ sechs Uhr abends. – Das sind ja neun _____. Machst du keine Pause? – Doch, _____ zwölf _____ eins machen wir Mittagspause.
6. _____ wann bleibst du im Büro? – Bis ungefähr sieben _____. – Und wann kommst du nach Hause? – _____ acht oder halb neun.
7. Tschüs, _____ morgen!

Uhr – Zeit – Stunde

Wie viel **Uhr** ist es? – Ein **Uhr**.
Wie lange dauert das? – Eine **Stunde**.
Kommst du mit? – Nein, ich habe keine **Zeit**.
Wie spät ist es? – Das weiß ich nicht, ich habe keine **Uhr**.

---

3 Hören und ergänzen Sie

Gehen wir ins Kino!

1. Der Film läuft im _____ und im _____.
2. In einem Kino gibt es zwei Vorstellungen, eine um _____ Uhr und eine um _____ Uhr.
3. In dem anderen Kino gibt es drei Vorstellungen, um _____ Uhr, um _____ Uhr und um _____ Uhr.
4. _____ gibt es nur Kindervorstellungen.
5. Im _____ gibt es am Wochenende eine Spätvorstellung um _____ Uhr.

4 Ergänzen Sie

Wie lange?

Bitte, warten Sie **einen** Moment!

1. Wie lange dauert das? – Nur _____ Moment.
2. Bitte warten Sie _____ Augenblick!
3. _____ Augenblick bitte, ich komme gleich.
4. _____ Sekunde bitte, ich komme sofort.
5. Wie lange habt ihr Urlaub? – Fast _____ Monat.
6. Wie lange braucht man von hier bis München? _____ halben Tag.

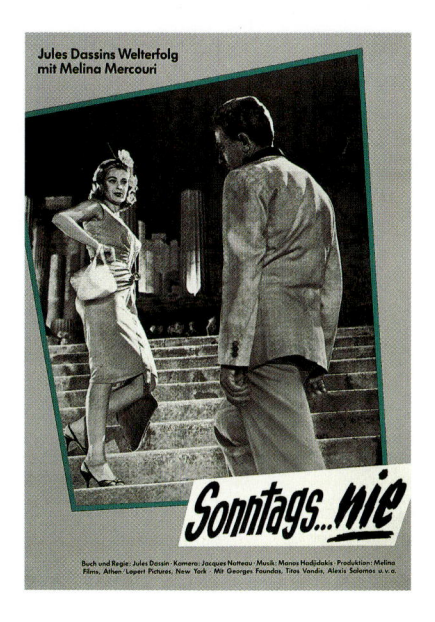

Wie lange? + Akkusativ
Wie lange dauert das? – Nur ein**en** Moment. Ein**en** Augenblick, bitte! Bis München fahren wir fast ein**en** Tag. Ich bleibe nur ein**e** Woche hier.

S. 142

5 Bilden Sie Adverbien

der Morgen *morgens*

1. der Abend
2. die Nacht
3. der Sonntag
4. der Mittag
5. der Nachmittag
6. der Vormittag

6 Ergänzen Sie

Sonntags nie! Das war doch ein Film mit Melina Mercouri.

1. _____ schlafe ich lange.
2. _____ gehe ich Fußball spielen.
3. _____ gehe ich um halb neun ins Institut.
4. _____ um zehn und _____ um vier Uhr trinke ich einen Kaffee.
5. _____ bin ich bis ungefähr acht Uhr im Büro.

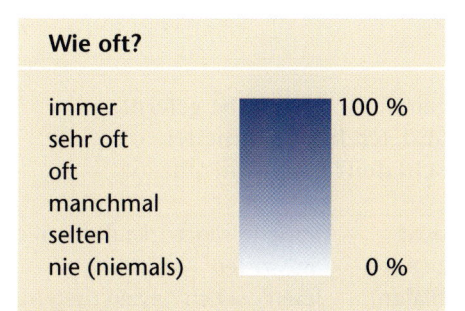

Wie oft?	
immer	100 %
sehr oft	
oft	
manchmal	
selten	
nie (niemals)	0 %

S. 151

Kapitel 12

7 Schreiben Sie Sätze von Übung 6 noch einmal. Wie oft machen Sie das?

Sonntags schlafe ich immer lange.

8 *Interview*

Fragen Sie zwei Partner, was sie am Wochenende machen. Berichten Sie.

Name	Brigitte	Wolfgang
Samstag	Tennis spielen lange schlafen ins Kino gehen	
Sonntag		

Am Samstag spielt Brigitte Tennis ...

9 *Fragen und antworten Sie*

▲ Was hast du gestern gemacht?
● Ich habe Tennis gespielt. Und du?
▲ Ich habe ein Buch gelesen.

Tennis gespielt ✦ Musik gehört
einen Freund besucht ✦ ein Buch gelesen
lange geschlafen ✦ ein Fußballspiel gesehen ✦ nichts gemacht ✦ gelernt

Nichts tun ...

Das Perfekt

Was **hast** du gestern **gemacht**? – Ich **habe gelernt**.
Wo waren Sie? – Im Büro, ich **habe gearbeitet**.
Wie lange **hast** du **geschlafen**? – Bis zehn Uhr.

machen	→	**ge**macht	fragen sagen kaufen spielen
arbeiten	→	**ge**arbeitet	antworten
schlafen	→	**ge**schlafen	lesen sehen essen (**ge**gessen)

80 | Kapitel 12

S. 138

10 Ergänzen Sie

Am Wochenende

Was habt ihr am Wochenende **gemacht**?

1. Wir haben lange _____.
2. Ich habe meine Hausaufgaben _____ und viele neue Wörter _____.
3. Ich habe Zeitung _____ und Radio _____.
4. Haben Sie das Buch _____?
5. Hast du das Fußballspiel _____?
6. Am Sonntag habe ich einen Freund _____. Wir haben Tennis _____.

Die Monate	Die Wochentage	Die Tageszeiten
(der) Januar	(der) Montag	der Morgen
Februar	Dienstag	der Vormittag
März	Mittwoch	der Mittag
April	Donnerstag	der Nachmittag
Mai	Freitag	der Abend
Juni	Samstag/Sonnabend	**die** Nacht
Juli	Sonntag	
August		**Die Jahreszeiten**
September		
Oktober		der Frühling
November		der Sommer
Dezember		der Herbst
		der Winter

Sünnabend · Sonnabend · Sunnabend · Sonnabend · Samschdag · Samstag · Samsta · Samstig · Samsti

Wann?

im Winter   **im** Januar   **am** Sonntag   **am** Wochenende   **am** Abend   **in der** Nacht

vorgestern — gestern — heute — morgen — übermorgen

vorhin — gerade — jetzt — gleich — nachher

S. 150

LERNTIPP

Schreiben Sie jeden Tag fünf Sätze, was Sie gestern am Vormittag, am Nachmittag, am Abend, vor und nach dem Unterricht oder im Unterricht gemacht haben. Benutzen Sie ein Wörterbuch. Schreiben Sie die Sätze mit Zeitangaben und Adverbien wie *gestern, nach dem Unterricht, gestern Vormittag, dann* usw.

Kapitel 12

11 Ergänzen Sie

um – am – im

1. Was machst du _____ Sonntag?
2. Wir fahren _____ neun Uhr.
3. Was machst du denn _____ Abend?
4. _____ Sommer mache ich Urlaub, _____ Juli.
5. Was macht ihr _____ Wochenende?
6. _____ Oktober fahre ich nach Spanien.

12 Ergänzen Sie

1. Viele Deutsche arbeiten _____ Wochenende nicht. Sie haben _____ und sonntags frei. Banken und Büros sind zu, die Geschäfte schließen samstags _____ vier Uhr.
2. Was _____ du am Wochenende? – _____ Samstag gehe ich vormittags einkaufen und nachmittags Tennis spielen. _____ Abend gehe ich oft in die Disko. Aber _____ Sonntag mache ich nicht viel. Da schlafe ich bis neun _____, und dann gehe ich _____ die Kirche. Manchmal besuche ich _____ Freund oder ich bleibe _____ Haus und _____ Zeitung, schreibe _____ Brief oder _____ Musik. _____ gehe ich manchmal spazieren. Abends gehe ich _____ ins Bett.
3. Was _____ du im Urlaub? – Ich fahre _____ Türkei. – Und _____ genau? – _____ Istanbul. – _____ lange hast du Urlaub? – Vier _____. – Und wie lange _____ die Fahrt nach Istanbul? – Zwei _____ und _____ Nacht. Aber ich fahre nicht, ich fliege, das _____ nur drei Stunden. Und wann _____ du Urlaub? – _____ Winter, ich gehe Ski fahren.

13

Ist die Antwort positiv (+) oder negativ (–)?

Am Telefon

1. Ich möchte Frau Dr. Dittrich sprechen, die Direktorin.
2. Gisela, hallo, grüß dich! Hast du heute Abend Zeit? Gehst du mit ins Kino?
3. Hier Firma Interplastik, Hagedorn. Haben Sie noch Theaterkarten für heute Abend? Wir haben Besuch aus England, der möchte heute ins Theater gehen.
4. Guten Tag, mein Name ist Bergdorf. Mein Opel ist bei Ihnen zur Inspektion. Ist der Wagen schon fertig?
5. Du, Onkel Roland, ich komme morgen nach Düsseldorf. Hast du morgen Nachmittag Zeit? Bist du dann im Büro?
6. Firma Wassermann?
7. Sie haben in der Zeitung eine Anzeige, eine Reise nach Marokko, zehn Tage, 455 Euro. Haben Sie noch zwei Plätze?

Kapitel 13

Dein Christus ein Jude
Dein Auto ein Japaner
Deine Pizza italienisch
Deine Demokratie griechisch
Dein Kaffee brasilianisch
Dein Urlaub türkisch
Deine Zahlen arabisch
Deine Schrift Lateinisch
Und Dein Nachbar nur ein Ausländer?

DSR Eine Initiative der Deutschen Städte-Reklame GmbH, Frankfurt am Main, gegen Ausländerfeindlichkeit

1 *Lesen Sie das Plakat. Notieren Sie die Länder und schreiben Sie Sätze.*
Im Urlaub fahre ich in die Türkei.

2 *Bilden Sie mit Hilfe des Plakats Nomen und Adjektive.*
die Demokratie – demokratisch

De·mo·kra·tie *die*; -, -n [-'tiːən] **1** e-e Staatsform, in der die Bürger die Regierung selbst wählen: *Ein wesentliches Prinzip der D. ist die Pressefreiheit* **2** ein Land mit e-r D. (1) als Staatsform: *Die Schweiz ist e-e D.* **3** *nur Sg*; das Prinzip, nach dem die Mehrheit e-r Gruppe Entscheidungen fällt: *D. in der Familie, in der Schule, am Arbeitsplatz*

3 Wie heißen die Einwohner? Was spricht man in …

	Einwohner	Deutsch	Englisch	Spanisch	Französisch	Italienisch
Deutschland	_____	■	■	■	■	■
USA	_____	■	■	■	■	■
Frankreich	_____	■	■	■	■	■
Schweiz	_____	■	■	■	■	■
Spanien	_____	■	■	■	■	■
Kanada	_____	■	■	■	■	■
Mexiko	_____	■	■	■	■	■
Österreich	_____	■	■	■	■	■
England	_____	■	■	■	■	■
Belgien	_____	■	■	■	■	■
Neuseeland	_____	■	■	■	■	■
Liechtenstein	_____	■	■	■	■	■
Italien	_____	■	■	■	■	■

die Deutschen – In Deutschland spricht man Deutsch.

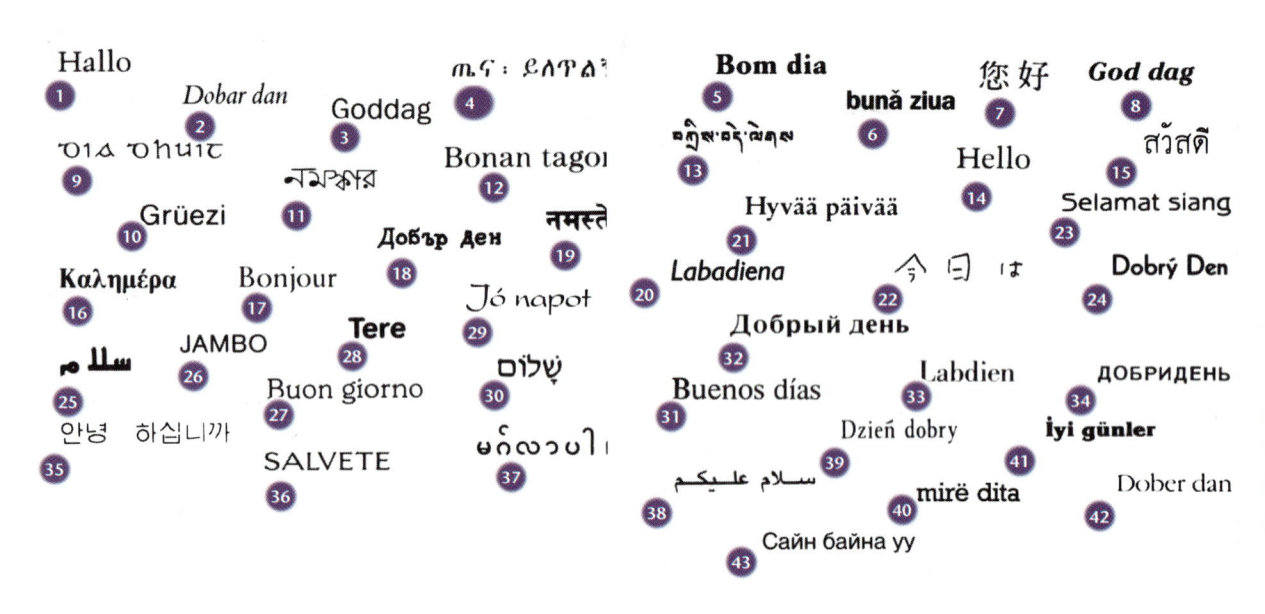

1. Hallo
2. Dobar dan
3. Goddag
4. ሰላም ደህና
5. Bom dia
6. བཀྲ་ཤིས་བདེ་ལེགས
7. 您好
8. God dag
9. שלום
10. Grüezi
11. নমস্কার
12. Bonan tagon
13. नमस्ते
14. Hello
15. สวัสดี
16. Καλημέρα
17. Bonjour
18. Добър ден
19. नमस्ते
20. Labadiena
21. Hyvää päivää
22. 今日は
23. Selamat siang
24. Dobrý Den
25. سلام
26. JAMBO
27. Buon giorno
28. Tere
29. Jó napot
30. שלום
31. Buenos días
32. Добрый день
33. Labdien
34. ДОБРИДЕНЬ
35. 안녕 하십니까
36. SALVETE
37. ສະບາຍດີ
38. السلام عليكم
39. Dzień dobry
40. mirë dita
41. iyi günler
42. Dober dan
43. Сайн байна уу

4 Fragen und antworten Sie

▲ Welche Sprache ist Nr. 1?
● Ich denke, das ist Deutsch.
▲ Und wo spricht man das?
● In ….

Ich denke, das ist Deutsch.
Ich vermute, das ist Japanisch.
Das ist bestimmt Türkisch.
Das ist vielleicht Arabisch.
Das ist wahrscheinlich Schwedisch.

Vermutungen	
100 %	sicher/bestimmt
	sehr wahrscheinlich
	wahrscheinlich
50 %	vielleicht
0 %	bestimmt nicht

5 Ergänzen Sie

Weltreise im Supermarkt

der Wein	*italienischer Wein*
das Bier	*mexikanisches Bier*
die Salami	*ungarische Salami*
die Orangen	*spanische Orangen*

Cognac ✦ Wurst ✦ Käse
Whisky ✦ Tomaten ✦ Wein
Kaviar ✦ Kaffee ✦ Orangen
Bier ✦ Salami ✦ Trauben
Schinken

6 Lesen Sie

OBST U. GEMÜSE

Ital. Pfirsiche
1 kg **2.04**

Ungar. Zwetschgen
1 kg **1.02**

Span. Galiamelonen, Honigmelonen oder Zuckermelonen
Stück **1.02**

Dtsch. Speisefrühkartoffeln
5 kg **1.02**

Kapitel 13 | 85

Schiebedach aus den USA

Antenne und Radioteile aus Japan

Stoffe aus Österreich

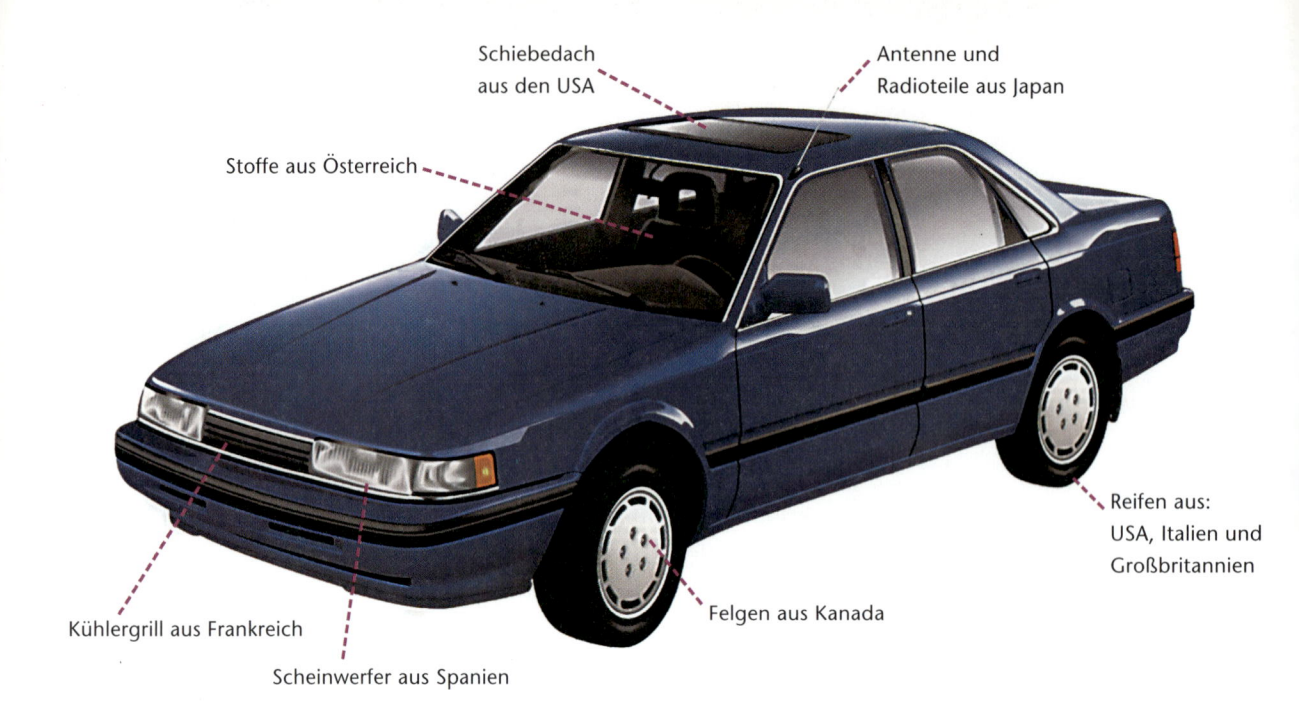

Reifen aus: USA, Italien und Großbritannien

Kühlergrill aus Frankreich

Scheinwerfer aus Spanien

Felgen aus Kanada

7 *Ergänzen Sie*

International**e** Kommunikation

1. Die heutige Wirtschaft ist international. Wir trinken mexikanisch___ Bier und australisch___ Wein, essen argentinisch___ Fleisch und rauchen indonesisch___ Tabak.
2. Wir kaufen bulgarisch___ Schafskäse, italienisch___ Schinken, trinken kolumbianisch___ und brasilianisch___ Kaffee, srilankesisch___, indisch___ und chinesisch___ Tee, essen polnisch___ Gänse und spanisch___ Orangen.
3. Deutsch___ Autoteile kommen aus Mexiko, englisch___ Stoffe aus Hongkong und persisch___ Teppiche kommen manchmal aus Pakistan.
4. Europäisch___ Flugzeuge haben amerikanisch___ Motoren und amerikanisch___ Flugzeuge haben europäisch___ Motoren.
5. Konzernmanager denken global: Finanziell___ Fragen sind wichtig, nicht die national___ Herkunft (das Land, woher Menschen oder Produkte kommen).

Die Adjektivdeklination nach dem unbestimmten Artikel und ohne Artikel

Singular	Maskulin	Neutrum	Feminin
Nominativ	der Film Das ist ein schön**er** Film Das ist russisch**er** Wodka	das Auto ein schön**es** Auto deutsch**es** Bier	die Wohnung eine schön**e** Wohnung. ungarisch**e** Salami.
Akkusativ	den Freund Sie hat einen neu**en** Freund Es gibt russisch**en** Wodka	das Büro ein groß**es** Büro deutsch**es** Bier	die Tochter eine klein**e** Tochter. ungarisch**e** Salami.

Im Singular stehen diese Adjektivendungen auch nach *kein-* und dem Possessivpronomen:

Da steht ein neu**er** Wagen.
Kennst du ihren neu**en** Freund? – Sie hat doch keinen neu**en** Freund!

Plural

	die Teppiche	die Fotos	die Sachen
Nominativ	Das sind schön**e** Teppiche.	toll**e** Fotos	gut**e** Sachen.
Akkusativ	Sie hat schön**e** Teppiche.	toll**e** Fotos	gut**e** Sachen.

S. 143

Im Plural stehen diese Adjektivendungen nur nach dem (unbestimmten) Null-Artikel.

---

8 *Ergänzen Sie*

Das ist doch kein persisch***er*** Teppich!

1. Das ist aber kein gut___ Beispiel.
2. Kennst du ihren neu___ Freund? Das ist ein toll___ Mann!
3. Das ist ein global___ Problem, es gibt keine national___ Lösung.
4. Sie fährt einen alt___ italienisch___ MG. – Der MG ist doch kein italienisch___ , sondern ein englisch___ Wagen.
5. Das Restaurant hat einen österreichisch___ Koch.

9 *Hören und wiederholen Sie*

spanisch – herzlich
Fleisch – reich
klassisch – sich
demokratisch – unmöglich
Asche – Sache
Menschen – München

Ich verstehe Sie nicht.
Das ist kein Spanisch.
Ist das möglich?
Das ist ein klassisches Stück.
Herr Schütz kommt aus München.

LERNTIPP

Lernen Sie Adjektive paarweise: *groß – klein, laut – leise*.

Beschreiben Sie Personen und Sachen, die Sie sehen, mit einem Adjektiv:
ein großer Mann   eine kleine Tasche   eine laute Straße

Kapitel 13

10 Welche Adjektive passen?

Zimmer   voll / spät / schlecht / hell
Urlaub   heiß / lang / teuer / weit / toll
Mensch   alt / gut / früh / schwach / demokratisch
Wagen   alt / schnell / jung / reich / leise
Essen   spät / türkisch / heiß / leicht
Musik   schnell / griechisch / nah / laut / stark

11 Ergänzen Sie

Musik, Musik

ein deutsch**es** Lied

eine italienisch_____ Oper
ein argentinisch_____ Tango
gregorianisch_____ Gesang
chinesisch_____ Instrumente
ein amerikanisch_____ Song
alt_____ Jazz
arabisch_____ Musik
ein klassisch_____ indisch_____ Stück

Schweizer Alphornblasen

12 Was hören Sie? Nummerieren Sie Übung 11.

13 Fragen und antworten Sie

▲ Hörst du gern Jazz?
● Ja, ich mag Jazz.

▲ Mögen Sie Jazz?
● Nein, mir gefällt Jazz nicht so gut.

▲ Magst du Jazz?
● Ja, ich habe Jazz sehr gern.

Jazz ✦ Rock ✦ Schlager
klassische Musik

mögen

ich	mag
du	magst
er/es/sie	mag
wir	mögen
ihr	mögt
sie/Sie	mögen

S. 134

88   Kapitel 13

14 Ergänzen Sie

Ich höre gerne italienisch**e** Opern, die gefallen mir.

1. Ich höre gerne modern_____ Jazz und hart_____ Rock.
2. Mir gefallen alt_____ Schlager.
3. Morgen gibt es ein gut_____ Konzert. Es kommt ein Orchester aus Leipzig. – Ich mag keine klassisch_____ Musik. Ich höre lieber modern_____ Stücke. – Die spielen doch ganz modern_____ Sachen, Webern, Stockhausen und so. – Gibt es noch Karten? – Ja, aber nur noch teur_____.

15 Interview

Fragen Sie einen Partner und berichten Sie.

1. Mögen Sie Musik? Welche?
2. Spielen Sie ein Instrument? Welches?
3. Haben Sie Platten, Kassetten oder CDs?
4. Nennen Sie zwei oder drei Lieblingsstücke/-gruppen!
5. Gehen Sie in Konzerte? In welche? Wie oft?

Mstislaw Rostropowitsch an der Berliner Mauer am 12. November 1989

Name	Musik	Instrument	CDs	Stücke/Gruppen	Konzerte

Kapitel 13 | 89

Konzerte
Concerts

Freitag, 26. September

Fr 26.9., 20.00 Uhr
Philharmonie
Vocalissimo! Gala der Stars.
Edita Gruberova
Kunst der Koloratur
Budapester Philharmoniker
Leitung: Friedrich Haider
Rossini: Bel raggio lusinghier aus „Semiramide" – Saint-Saens: Die Nachtigall und die Rose A.Thomas: Wahnsinnsarie der Ophelia Ah vous jeux, mes amis aus „Hamlet" – Delibes: Glöckchenarie aus „Lakmé" Bernstein: Glitter and be-gay aus „Candide"

Fr 26.9., 19.30 Uhr
Carl Orff-Saal
Meditationskonzert
„Heilende Klänge aus Indien"
Musikal. Leitung: Dr. Balaji També
Sunil També, Tabla; Brigitte

Heinrich, Harmonium, Kersten Wortmann, Keyboard; Anthony Roché, Flöte, Paul Daumann Percussion und Chor.

Fr 26. 9., 18.15 Uhr
Kleiner Konzertsaal
Ladenschlusskonzert
des Richard-Strauss-Konservatoriums
Klavierklasse Robert Regös
(Eintritt frei)

Fr 26.9., 20.00 Uhr
Bürgersaalkirche, Neuhauser Str.
Hackbrett und Orgel
Karl-Heinz Schickhaus, Hackbrett
Michael Hartmann, Orgel
Werke von Mozart, Bellini Schumann, Vierne, K...

Fr 26.9.-, 20.00 Uhr
Laetarekirche
Quiddestraße 15
„Die Herbst-Zeitlosen"
Konzertante Volksmusik

Samstag, 27. September

Sa 27.9., 20.00 Uhr
Herkulessaal der Residenz
Jugend Symphonie Orchester „Crescendo" München
Leitung: Konrad von Abel
Solistin: Heike-Angela Moser
C. M. von Weber: Ouvertüre zur Oper „Der Freischütz"
Schumann: Klavierkonzert a-Moll und 2. Sinfonie C-Dur
(Karten bei den bek. Vorverkaufsstellen, siehe Seite 14/15)

Sa 27.9., 20.00 Uhr
Kleiner Konzertsaal
„Winners & Masters"
Klavierrecital
Mathieu Papadiamandis, Paris
(1. Preis „Maria Canals", Barcelona 1990; Preisträger „Busoni", Bozen, 1991 und Pretoria „Unisa Transnet", 1994; Solo u.a. mit Wigmore Hall, London, und Musée d'Orsay, Paris)
Bach: Präludium u. Fuge c-Moll (2. Bd.) – Brahms: Intermezzi Nr. 1 und 2, op. 117 – Schubert: Sonate A-Dur, D 664 – Bruno Montovani (* 1974): Etude de résonances (dt. EA) – Liszt: Sonate h-Moll

Richard Wagner und Franz Schubert waren schwache Schüler. Das sind starke Argumente.

Kapitel 14

Verkäuferin: Guten Tag! Bitte schön?
Kundin: Guten Tag! Ich suche eine Bluse, eine helle Bluse.
Verkäuferin: Welche Größe, bitte schön? 38?
Kundin: Ich glaube, Größe 36 genügt. Die hier, die ist schön, die gefällt mir. Wie viel kostet die?
Verkäuferin: Warten Sie ... hier steht der Preis: 38,80 Euro.
Kundin: Hm, und die hier?
Verkäuferin: Die kostet nur 19,– Euro. Probieren Sie doch beide! Dort ist eine Kabine.

1 *Fragen und antworten Sie*

▲ Ein Hemd?
● Ja, ein helles Hemd.

▲ Was für ein Kleid möchten Sie?
● Ein leichtes.

| das Hemd ✦ das Kleid
| die Bluse ✦ der Rock
| die Jacke ✦ der Anzug
| der Mantel ✦ der Pullover
| die Krawatte

| hell ✦ weiß ✦ leicht
| bunt ✦ dunkelblau
| einfarbig ✦ gestreift

2 Ergänzen Sie

1. Die neu_____ Frühjahrsmode ist fantastisch! Es gibt so schön_____ Blusen und toll_____ Kleider. Ich brauche unbedingt ein neu_____ Kleid. Leider habe ich jetzt nicht genug Geld, aber eine neu_____ Bluse möchte ich doch!

2. Ein blöd_____ Schuhladen! 90 Euro für ein Paar leicht_____ Sommerschuhe! Das ist doch viel zu teuer. Ich trage nie teur_____ Schuhe, ich zahle nicht 90 Euro für ein Paar modisch_____ Schuhe, ich bin doch nicht verrückt! Nur verrückt_____ Leute zahlen so viel Geld. Mein Sohn hat Recht, Turnschuhe, einfach_____ Turnschuhe! Leicht, praktisch und billig. Aber ein alt_____ Mann und Turnschuhe? Er sagt, heute tragen doch alle Leute Turnschuhe! Also morgen kaufe ich mir auch ein Paar schick_____ Turnschuhe!

3

Kleiderkauf

	ja	nein
1. Die Frau möchte eine helle Bluse.	■	■
2. Sie möchte keine modische Bluse.	■	■
3. Sie braucht Größe 38 oder 40.	■	■
4. Im Geschäft gibt es neue Blusen.	■	■
5. Die Frau probiert zwei Blusen.	■	■
6. Die Bluse ist besonders schön, aber teuer.	■	■
7. Die anderen sind auch schön.	■	■
8. Sie kauft die Bluse nicht.	■	■
9. Sie kauft einen dunklen Rock.	■	■

4

Schuhkauf

	ja	nein
1. Der Kunde möchte ein Paar Schuhe, Größe 44.	■	■
2. Es gibt nicht viele rote Schuhe.	■	■
3. Der Kunde möchte helle oder braune Schuhe.	■	■
4. Der Kunde hat schon schwarze Schuhe.	■	■
5. Der Kunde probiert die roten Schuhe.	■	■
6. Er sucht dann rote Schuhe, Größe 45.	■	■
7. Rote Schuhe sind nur noch in Größe 44 da.	■	■
8. Die Schuhe kosten 102,– Euro.	■	■
9. Die Turnschuhe kosten 61,– Euro.	■	■
10. Der Kunde kauft Turnschuhe für seinen Sohn.	■	■
11. Die Schuhe, Größe 45, sind nicht breit genug.	■	■
12. Der Kunde kauft keine Schuhe.	■	■

5 Ergänzen Sie

Das Kleid gefällt mir. **Das** nehme ich.

1. Möchten Sie den Anzug? – Ja, _____ gefällt mir, _____ nehme ich. – Und das Hemd? – _____ nehme ich auch, aber die Krawatte nicht, _____ brauche ich nicht.
2. Die Jeans hier, was kosten _____?
3. Passen die Schuhe? – Nein, _____ sind zu groß.

Das Demonstrativpronomen / Der bestimmte Artikel als Pronomen	
Welch**er** Anzug?	Dies**er** Anzug hier, **der** gefällt mir.
Welch**en** Rock?	Dies**en** Rock hier, **den** nehme ich.
Welch**es** T-Shirt?	Dies**es** T-Shirt, **das** kaufe ich.
Welche Krawatte?	Diese Krawatte, **die** nehme ich.
Welche Jeans?	Diese Jeans, **die** gefallen mir.

Wo ist denn jetzt Ihr Sohn? – **Der** ist in Australien.
Was macht Ihre Tochter? – **Die** studiert.
Wo sind deine Eltern? – **Die** sind im Kino.

S. 148

6 Fragen und antworten Sie

▲ Welche Bluse nehmen Sie?
● Diese, die gefällt mir.

die Bluse ✦ das Hemd ✦ der Pullover
der Rock ✦ die Schuhe ✦ die Hose
der Mantel ✦ die Jacke

7 Ergänzen Sie

Murnau

Murnau ist ein klein**es** Städtchen mit 8000 Einwohnern in Oberbayern. Es hat einige nett____ Straßen, einen schön____ Park, alt____ Bauernhäuser und eine schön____, alt____ Kirche. Es gibt viel____
5 bayerisch____ Gasthäuser, aber auch italienisch____ Restaurants, ein griechisch____ und sogar ein chinesisch____. Auch ein teur____ international bekannt____ Hotel ist dort.
Murnau hat ein____ schön____ Umgebung und
10 jed____ Jahr kommen viel____ Touristen.
In Murnau lebte die Malerin Gabriele Münter. Ihr Haus ist heute ein klein____ Museum, das Gabriele-Münter-

Gabriele Münter, 1910

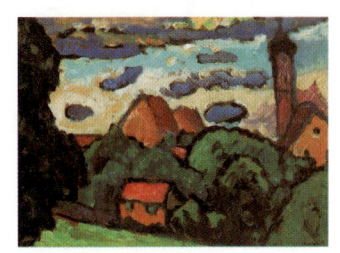

Gabriele Münter, 1909

Haus. Gabriele Münter und ihre Freunde, Wassily Kandinsky, Alexej von Jawlensky, Franz Marc, August
15 Macke, Paul Klee u.a., bildeten um 1910 eine progressiv____ Künstlergruppe, „Der Blaue Reiter". Sie malten oft die Landschaft zwischen Murnau und Garmisch-Partenkirchen. Die Bilder sind heute in einem Museum in München.

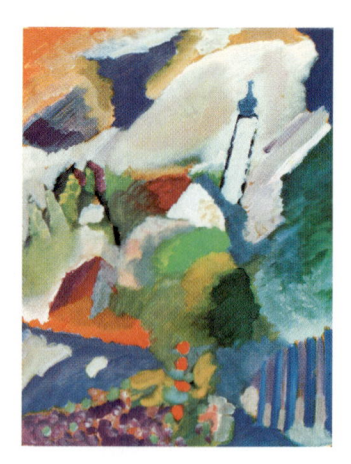

Wassily Kandinsky, 1910

8 *Beschreiben Sie ein Dorf oder eine Stadt.*

9 *Lesen Sie den Brief. In Absatz zwei und drei sind viele Fehler. Schreiben Sie die Absätze noch einmal.*

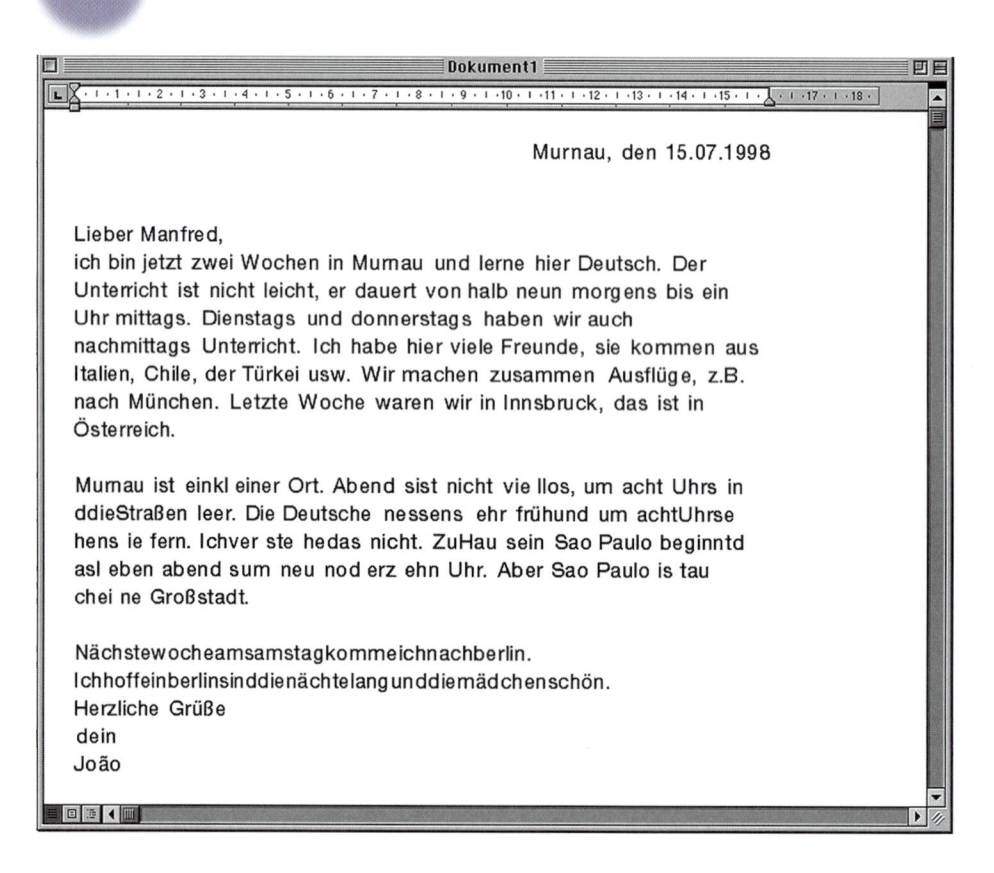

Murnau, den 15.07.1998

Lieber Manfred,
ich bin jetzt zwei Wochen in Murnau und lerne hier Deutsch. Der Unterricht ist nicht leicht, er dauert von halb neun morgens bis ein Uhr mittags. Dienstags und donnerstags haben wir auch nachmittags Unterricht. Ich habe hier viele Freunde, sie kommen aus Italien, Chile, der Türkei usw. Wir machen zusammen Ausflüge, z.B. nach München. Letzte Woche waren wir in Innsbruck, das ist in Österreich.

Murnau ist einkl einer Ort. Abend sist nicht vie llos, um acht Uhrs in ddieStraßen leer. Die Deutsche nessens ehr frühund um achtUhrse hens ie fern. Ichver ste hedas nicht. ZuHau sein Sao Paulo beginntd asl eben abend sum neu nod erz ehn Uhr. Aber Sao Paulo is tau chei ne Großstadt.

Nächstewocheamsamstagkommeichnachberlin. Ichhoffeinberlinsinddienächtelangunddiemädchenschön.
Herzliche Grüße
dein
João

10 Schreiben Sie einen ähnlichen Brief an Ihre deutsche Freundin oder Ihren deutschen Freund. Berichten Sie über Ihren Deutschunterricht, die Kursteilnehmer, die Lehrer usw.

11 *Ergänzen Sie*

Briefanreden und Grüße

Lieb_____ Gisela
Lieb_____ Dieter
Lieb_____ Familie Meyer
Sehr geehrt_____ Frau Dr. Wenzel
Sehr verehrt_____ Herr Professor

Einen herzlich_____ Gruß aus Griechenland von Susanne und Brigitte
Freundlich_____ Grüße, Ihr R. Hartenberg
Herzlich_____ Grüße, dein Paul
Ganz herzlich_____ Grüße, Ihre Petra
Einen schön_____ Gruß und einen dick_____ Kuss von Ulla

Mit freundlichen Grüßen
Angelika Meister

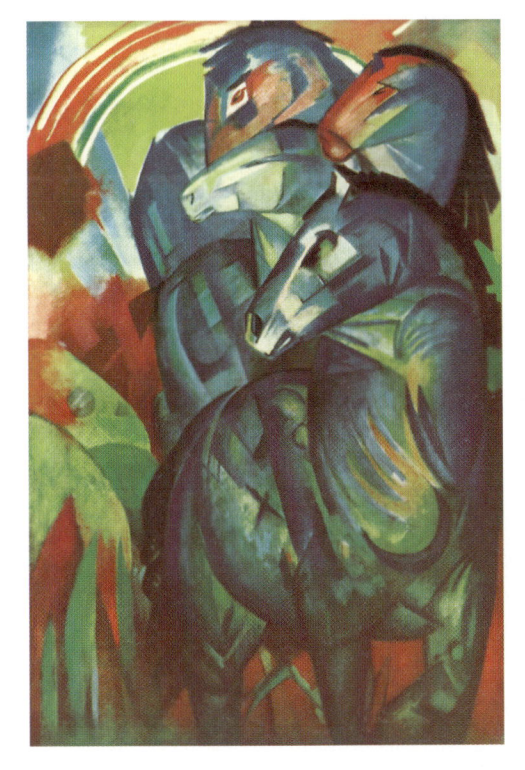

*Franz Marc, Turm der blauen Pferde.
Marc gründete 1911 mit Wassily Kandinsky den „Blauen Reiter".*

12 *Analysieren Sie die Nomen.*

Kleinstadt   *klein – die Stadt*
Großstadt
Rotwein
Weißwein
Schwarzwald
Hochhaus
Freizeit
Tiefgarage
Blaukraut
Kühlschrank
Ferngespräch

Sprechen Sie ganz schnell!

Blaukraut bleibt Blaukraut
und Brautkleid bleibt Brautkleid.

13 *Verbinden Sie*

Familiennamen	Tätigkeit	Produkt/Ort
Becker/Bäcker	malen	Gebäck/Brot
Schmidt/Schmied	fischen	Küche
Fischer	reiten	Schrift
Maler	schustern	Mehl/Mühle
Müller	backen	Schuhe
Schreiber	schmieden	Pferd
Schuhmacher/Schuster	schreiben	Kleidung
Schneider	kochen	Fisch
Koch	mahlen	Eisen
Reiter	schneiden/schneidern	Gemälde/Bild

Kennen Sie die Namen?

Max Weber   Ernst Fischer
Claudia Schiffer   Boris Becker
Gustav Mahler   Michael Schumacher
Robert Koch   Romy Schneider
Robert Schumann

D ✈ **Abflug / Departures** *Kapitel 15*

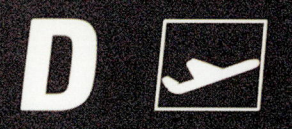

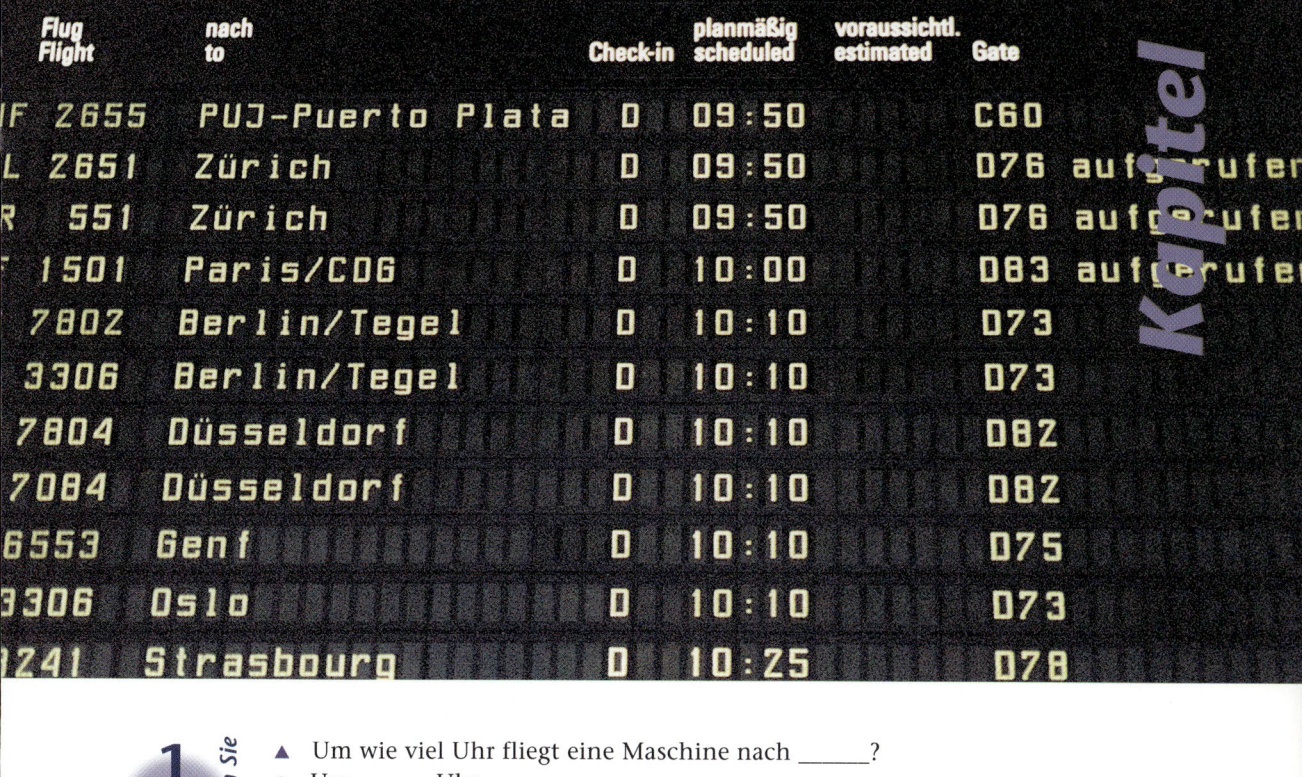

Flug Flight	nach to	Check-in	planmäßig scheduled	voraussichtl. estimated	Gate
IF 2655	PUJ-Puerto Plata	D	09:50		C60
L 2651	Zürich	D	09:50		D76 aufgerufen
R 551	Zürich	D	09:50		D76 aufgerufen
F 1501	Paris/CDG	D	10:00		D83 aufgerufen
7802	Berlin/Tegel	D	10:10		D73
3306	Berlin/Tegel	D	10:10		D73
7804	Düsseldorf	D	10:10		D82
7084	Düsseldorf	D	10:10		D82
6553	Genf	D	10:10		D75
9306	Oslo	D	10:10		D73
1241	Strasbourg	D	10:25		D78

1 *Fragen und antworten Sie*

▲ Um wie viel Uhr fliegt eine Maschine nach _____?
● Um _____ Uhr.

▲ Wann gibt es einen Flug nach _____?
● Um _____.

2 *Fragen und antworten Sie*

▲ Ich möchte nach Tokio, nächste Woche Freitag. Um wie viel Uhr gibt es da einen Flug?
● Um siebzehn Uhr fünfzig.
▲ Und wann komme ich in Tokio an?
● Am nächsten Tag um elf Uhr fünfundvierzig.

Frankfurt – Tokio	17.50 – 11.45
Frankfurt – Moskau	16.55 – 22.10
Frankfurt – New York	10.00 – 12.35
Frankfurt – Kairo	14.05 – 19.15
Frankfurt – Seoul	13.50 – 09.10
Frankfurt – Sydney	10.44 – 17.00

▲ Um wie viel Uhr kommst du in Tokio an?
■ Um elf Uhr fünfundvierzig. / Viertel vor zwölf. / Kurz vor zwölf.
▲ Und um wie viel Uhr fliegst du in Frankfurt ab?
■ Um siebzehn Uhr fünfzig. / Zehn vor sechs. / Kurz vor sechs.

Trennbare Verben/Trennbare Vorsilben

abfliegen

Die Maschine   fliegt   um 22.05 Uhr in Frankfurt   ab.
abfahren   ankommen

Die Vorsilbe ist betont: *ánkommen, ábfliegen*

Nicht-trennbare Verben

Verben mit der Vorsilbe *be-, er-, ver-* u.a.
beginnen, erklären, verstehen
Auch: *wiederholen, unterschreiben, übersetzen*

Die Vorsilbe ist unbetont, die Stammsilbe ist betont:
verstéhen, übersétzen

S. 135

Flugnummer		RZ 510	RZ 520	RZ 520
Flugzeugtyp/Klasse		Boeing 747-400		F/C/M
Wochentag		Di	Do	Sa
Frankfurt	ab	21.25	22.05	22.05
Rio de Janeiro	an	06.00	⬇	⬇
	ab	07.10		
Buenos Aires	an	10.15	08.55	08.55
	ab		10.05	10.05
Santiago	an		11.10	11.10
Wochentag		Mi	Fr	So

3
1. Wann gibt es einen Flug von Frankfurt nach Santiago?
2. Wie lange dauert der Aufenthalt in Buenos Aires?
3. Wann gibt es einen Non-Stop-Flug nach Buenos Aires?
4. Wann ist die Zwischenlandung in Rio?
5. Von wann bis wann dauert der Aufenthalt in Rio?
6. Welcher Flugzeugtyp fliegt nach Südamerika?

Kapitel 15

4 Im Reisebüro

	ja	nein
1. Wir fliegen dreimal die Woche nach Südamerika.	■	■
2. Wir fliegen zweimal die Woche nonstop nach Buenos Aires.	■	■
3. Die Maschinen nach Buenos Aires fliegen abends gegen zehn Uhr in Frankfurt ab.	■	■
4. Am Montag geht der Flug nur bis Rio.	■	■
5. Den Weiterflug macht eine brasilianische Gesellschaft.	■	■
6. Die Abkürzung bedeutet VARIG. Das ist eine brasilianische Fluggesellschaft.	■	■
7. Die Maschine ist eine Boeing 737.	■	■
8. Mittwochs gibt es nur einen Flug bis Sao Paulo.	■	■

Hören Sie weiter und ergänzen Sie die Flugnummer, Wochentage, Flugzeugtypen.

Flugnummer		
Wochentag		
Flugzeugtyp		
Frankfurt	ab	21.50
	an	06.25
Rio de Janeiro		

Flugnummer		
Flugzeugtyp		
	ab	08.50
Buenos Aires	an	11.55
Wochentag		

Am 3. Februar 1934 eröffnete die Deutsche Lufthansa einen planmäßigen Luftpostdienst nach Südamerika. Das Flugboot „Dornier 10-t Wal" überquerte den Südatlantik von Westafrika nach Brasilien.

Trennbare Verben – Satzstellung

		Position II		Endposition
anrufen	Wann	**ruft**	sie	**an**?
aufstehen	Ich	**stehe**	um sieben Uhr	**auf**.
mitkommen		**Kommst**	du	**mit**?

Die trennbare Vorsilbe steht am Satzende:
anfangen: Der Film fängt **an**.
Der Film fängt normalerweise nach der Vorschau und einer kleinen Pause pünktlich um acht Uhr **an**.

S. 135

5 Wie heißen die Verben? Bilden Sie Sätze.

der Abflug: **abfliegen – Wir fliegen um zehn Uhr abends ab.**
das Frühstück: **frühstücken – Ich frühstücke immer gegen sieben Uhr.**

die Ankunft ✦ der Anfang ✦ das Fernsehen ✦ die Wiederholung
die Übersetzung ✦ die Erklärung

Helene Spodynek

Mein Arbeitstag sieht so aus!

Aufstehen: 5.00 Uhr
Toilette: 5.15 Uhr
Frühstück: 5.30 Uhr
Abgang von zuhause: 5.40 Uhr
Bahnhof: 5.55 Uhr
Abfahrt vom Bahnhof: 6.11 Uhr
Ankunft am Arbeitsort: 6.20 Uhr
Ankunft an der Arbeitsstelle: 6.30 Uhr
Anfang der Arbeit: 6.35 Uhr
Frühstückspause: 9.30 Uhr
Mittagspause: 12.30–13.15 Uhr
Arbeitsschluss: 15.35 Uhr
Abfahrt vom Arbeitsort: 15.50 Uhr
Ankunft in Wissen: 15.55 Uhr
Ankunft zuhause: 16.30 Uhr
Essen: 16.45 Uhr

Danach helfe ich meiner Mutter, bügeln, abwaschen,
   im Sommer im Garten. Ich habe jeden Tag die gleiche Arbeit …

6 Beschreiben Sie Ihren Alltag/Arbeitstag.

7 Ergänzen Sie

Ich gehe spazieren, **komm** doch **mit**!   mitkommen

1. _____ die Heizung _____, ich friere.   anmachen
2. _____ doch das Fenster _____!   zumachen
3. Ich _____ jetzt zu Hause _____, bitte   anrufen
   _____ den Fernseher _____!   ausmachen

Der Imperativ

	bezahlen	anrufen
du	bezahl	ruf an
ihr	bezahlt	ruft an
wir	bezahlen wir	rufen wir an
Sie	bezahlen Sie	rufen Sie an

Bezahlen wir!   Nehmt das mit!
Vergiss das nicht!   Pass auf!
Hört zu!

Die trennbare Vorsilbe steht am Satzende:
Hört **zu**!   Ruf mal **an**!
Füllen Sie das Formular zu Hause mit Hilfe eines Wörterbuches sorgfältig **aus**!   *S. 139*

8 Bilden Sie Sätze

Mach das bitte!

morgen anrufen und alles genau erzählen
Ruf morgen an und erzähl alles genau!

1. Peter morgen zu Hause abholen, es nicht vergessen
2. das Formular ausfüllen und unten rechts unterschreiben
3. das Wort wiederholen und es noch einmal erklären
4. den Brief mitnehmen und ihn einwerfen
5. bitte die Rechnung bezahlen

9

Hören und wiederholen Sie. Markieren Sie die Betonung.

ankommen   abfliegen   mitnehmen
zumachen   aufmachen

beginnen   verstehen   erklären   bezahlen
wiederholen   übersetzen   unterschreiben

ankommen   beginnen   anfangen   erklären
mitkommen   wiederholen   zumachen   unterschreiben

Kapitel 15   101

10 *Ordnen Sie die Bilder. Erzählen Sie die Geschichte. Wie endet sie?*

der Hund	werfen + A	ins Wasser
der Spazierstock	springen	ins Wasser
	zurückholen + A	
	weggehen	
	holen + A	
	sein/stehen	am Ufer

LERNTIPP

Schreiben Sie neue Verben mit Vorsilben in das Vokabelheft. Benutzen Sie immer dieselbe Struktur, z.B. an/machen, **an**machen, an-machen
Setzen Sie den Betonungsakzent: *ánmachen*

Kapitel 16

Ich liebe dich!

Am Bahnhof

Frau: Ruf mich an, wenn du in Berlin bist, ja?

Mann: Natürlich rufe ich an, ich rufe dich doch immer an.

Frau: Schön. Und vergiss mich nicht!

Mann: Nächste Woche komme ich zurück, dann sehe ich dich wieder. Holst du mich ab, wenn ich zurückkomme?

Frau: Ganz bestimmt! Also dann ... gute Reise!

Mann: Ciao!

Fragen und antworten Sie

1
▲ **Rufst** du mich **an**?
● Natürlich rufe ich dich an.

▲ **Rufst** du uns **an**?
● Natürlich rufe ich euch an.

anrufen
abholen
mitnehmen

Das Personalpronomen – Akkusativ

ich	mich	Ich verstehe **dich** nicht.
du	dich	Hörst du **mich**?
er	ihn	Holt ihr **uns** ab?
es	es	Ich rufe **euch** morgen an.
sie	sie	
wir	uns	
ihr	euch	
sie/Sie	sie/Sie	

S. 146

O Mädchen, Mädchen,
Wie lieb ich dich!
Wie blickt dein Auge!
Wie liebst du mich!

So liebt die Lerche
Gesang und Luft
Und Morgenblumen
Den Himmelsduft.
(Aus: J.W. Goethe, Maifest)

2 *Ergänzen Sie*

Rufen Sie **_mich_** morgen an! Ich bin den ganzen Tag im Büro.

1. Holst du _____ morgen Abend ab, Georg?
2. Petra, wann sehe ich _____ wieder?
3. Brauchst du _____ noch? – Nein, ich mache die Arbeit allein fertig.
4. Wo warst du? Ich suche _____ schon den ganzen Morgen.
5. Was sagt ihr? Ich verstehe _____ nicht!
6. Seid ihr um acht Uhr fertig? Ich hole _____ dann ab, ja? – Gut, aber ruf _____ vorher noch kurz an.
7. Wer ist der Mann da? – Ich kenne _____ auch nicht.
8. Wo sind die Kinder? – Ich sehe _____ auch nicht.
9. Wie kommt Erika nach Hause? – Ich nehme _____ mit.
10. Bitte, versteh _____ nicht falsch, Eva!

3 *Ergänzen Sie*

Reisevorbereitung. Was brauchen Sie?

den Pass

Pass ♦ Geld ♦ Führerschein ♦ Brille ♦ Geschenk ♦ Adressbuch
Straßenatlas ♦ Versicherungskarte ♦ Walkman ♦ Laptop ♦ Visum
Regenschirm ♦ Badehose ♦ Hausschuhe ♦ Dokumente
Reiseschecks ♦ Personalausweis ♦ Tabletten ♦ Papiere

4 Fragen und antworten Sie

Benutzen Sie die Wörter von Übung 3.

▲ Brauche ich den Pass?
● Ja, nimm ihn mit, vergiss ihn nicht! /
  Nein, lass ihn hier!

Hast du das Geld, die Schecks, den Pass..?

5

Herr Schmutte packt seinen Koffer. Welche Wörter hören Sie?

- Geld
- Reiseschecks
- Kreditkarten
- Pass
- Impfpass
- Flugschein
- Hotelreservierung
- Reiselektüre
- Führerschein
- Reiseversicherung
- Straßenkarte
- Geschenke
- Familienfotos

- Telefonnummer vom Büro
- Kontonummer
- Adressbuch
- Versicherungsnummer
- Blutgruppe
- Lesebrille
- Ausweis
- Sonnenbrille
- Handy
- Walkman
- Reisewecker
- Laptop
- Kugelschreiber

- Morgenmantel
- Hausschuhe
- Wörterbuch
- Kofferschlüssel
- Waschbeutel
- Aspirin
- Badezeug
- Regenschirm
- Sandalen
- Sonnenöl
- Kohletabletten
- Tennisschläger
- Taschenmesser

6 Ergänzen Sie

Gut**en** Flug

1. Gut_____ Reise!
2. Gut_____ Erholung!
3. Einen schön_____ Urlaub!
4. Schön_____ Ferien!
5. Schön_____ Feiertage!
6. Schön_____ Wochenende!

Danke, gleichfalls!

Kapitel 16 | 105

7 *Ergänzen Sie*

▲ Nimm den Reisepass mit!
● Ich brauche doch keinen Reisepass, wenn ich nach Italien fahre.

der Reisepass ✦ der Sonnenschirm
der Regenmantel ✦ die Pistole ✦ Oropax
Kohletabletten ✦ Sauerkraut ✦ Pulverkaffee

8 *Fragen und antworten Sie*

▲ Kommst du mit?
● Ja, gleich, wenn ich fertig bin.

mitkommen ✦ mitgehen
mitspielen ✦ mitmachen

▲ Geht er mit?
■ Ich denke, dass er mitgeht.

mitgehen ✦ mitmachen
mitfahren ✦ anrufen ✦ mitspielen

▲ Geht er mit?
● Ich glaube nicht, dass er mitgeht.

▲ Geht er mit?
● Ich weiß nicht, ob er mitgeht.

Schön, wenn man weiß, daß man was weiß.

Die Münchner Volkshochschule

Die Subjunktionen *ob – dass – wenn*

Ergänzungen

| Wohnt sie hier? | Weißt du, **ob** sie hier wohnt? |
| | Ich weiß, **dass** sie hier wohnt. |

Bedingung/Kondition

Kommst du mit?	Ja, **wenn** ich Zeit habe.
Kaufst du die Stereoanlage?	Ja, **wenn** ich Geld habe.
	Ich kaufe sie, **wenn** ich Geld habe.

Die Subjunktionen *ob – dass – wenn* verbinden Haupt- und Nebensätze.

Nebensätze – Satzstellung

Nebensätze können am Anfang des ganzen Satzes stehen:

Position II

Ob sie hier wohnt,	weiß	ich nicht.
Dass sie Anne heißt,	weiß	ich genau.
Wenn ich Zeit habe,	besuche	ich dich.

Ich weiß nicht, **ob sie kommt.**
Ob sie kommt, weiß ich nicht.

Verben mit trennbarer Vorsilbe sind im Nebensatz nicht getrennt:

S. 151   **Kommt** sie **zurück**?   Ich weiß, dass sie **zurückkommt**.
S. 154   **Macht** er **mit**?   Ich weiß nicht, ob er **mitmacht**.

---

9 *Ergänzen Sie*

ob – dass?

Weißt du, **<u>ob</u>** er zu Hause ist? – Ich weiß genau, **<u>dass</u>** er jetzt zu Hause ist.

1. Ich möchte wissen, _____ er jetzt zu Hause ist. Ruf doch mal an!
2. Wissen Sie, _____ Herr Wellmann heute noch zurückkommt?
3. Er hat gesagt, _____ er zurückkommt.
4. Ich glaube nicht, _____ er noch kommt.
5. Wissen Sie, _____ wir morgen die Besprechung haben? Und wenn ja, wann?
6. Frau Kuhlmann sagt, _____ der Chef morgen nicht da ist. Aber ich weiß nicht, _____ das stimmt.

Kapitel 16

10 Ergänzen Sie

ob – wenn?

Ich weiß nicht, **ob** er heute Abend kommt.
Wenn es heute Abend regnet, komme ich nicht.

1. Kommst du heute Abend? – Ja, _____ es nicht regnet.
2. Weißt du, _____ sie zu Hause ist? – Ruf doch an! _____ sie nicht antwortet, ist sie nicht zu Hause.
3. _____ ich am Sonntag Zeit habe, besuche ich euch, aber ich weiß noch nicht genau, _____ ich Zeit habe. - Und wann weißt du, _____ du Zeit hast? – _____ ich weiß, wie viel Arbeit ich am Wochenende habe.

11 Ergänzen Sie

wann – wenn?

Wann er kommt, weiß ich nicht.
Wenn er kommt, rufe ich dich an.

1. _____ ich Zeit habe, komme ich mit.
2. Weißt du, _____ er kommt? – Gegen elf.
3. Und _____ fliegt er wieder weg?
4. Er arbeitet nur, _____ er Lust hat. _____ er keine Lust hat, arbeitet er nicht. – Und was macht ihr, _____ er nicht ins Büro kommt?

12 Ändern Sie die Satzstellung

Ich weiß nicht, wo sie wohnt.
Wo sie wohnt, weiß ich nicht.

1. Ich weiß nicht, wie sie heißt.
2. Ich weiß nicht, ob sie verheiratet ist.
3. Ich weiß genau, dass sie fünfzig Jahre alt ist.
4. Ich weiß nicht, wann er kommt.
5. Ich mache das, wenn ich Zeit habe.
6. Ich komme, wenn ich Lust habe.

Heut kommt der Hans nach Haus

Kanon zu 3 Stimmen — Aus Bayern

1. Heut kommt der Hans nach Haus, freut sich die Lies'.
2. Ob er aber über Oberammergau
3. oder aber über Unterammergau
oder aber überhaupt nicht kommt, ist nicht gewiß.

Unterammergau

Kapitel 17

Schaffnerin: Bitte machen Sie die Zigarette aus, hier dürfen Sie nicht rauchen!
Fahrgast: Ich bin doch ganz allein, ich störe doch niemanden.
Schaffnerin: Sie müssen die Zigarette trotzdem ausmachen, hier ist ein Nichtraucherabteil.
Fahrgast: Kann ich die Zigarette nicht zu Ende rauchen?
Schaffnerin: Nicht hier, Sie können ja in ein Raucherabteil gehen.
Fahrgast: Das will ich aber nicht, dort ist die Luft so schlecht.

1 Fragen und antworten Sie

▲ Darf ich rauchen?
● Natürlich dürfen Sie rauchen.

rauchen ✦ telefonieren ✦ den PC benutzen ✦ Radio hören ✦ fernsehen

▲ Wo kann ich halten?
● Dort kannst du halten.

halten ✦ parken ✦ tanken ✦ telefonieren

▲ Wo können wir halten?
■ Dort könnt ihr halten.

▲ Ich will nicht bleiben.
● Du musst aber bleiben.

bleiben ✦ warten ✦ gehen ✦ arbeiten lernen

▲ Was hat denn der Arzt gesagt?
● Ich soll nicht so viel rauchen.

rauchen ✦ trinken ✦ essen ✦ arbeiten

2 *Was bedeuten die Verkehrszeichen?*

1. Hier darf man parken.
2. Man kann geradeaus oder nach rechts.
3. Man muss nach rechts fahren.
4. Man darf nur 60 km/h fahren.
5. Hier dürfen Sie nicht halten, das ist verboten.
6. Hier darf man nicht parken, aber kurz halten ist erlaubt.
7. Hier darfst du nicht umdrehen.
8. Überholen verboten!
9. Freie Fahrt!
10. Vorsicht, Fußgängerübergang!
11. Man soll 70 bis 110 km/h fahren.
12. Das Überholverbot ist zu Ende.

3 *Welches Verkehrszeichen haben der Fahrer und der Beifahrer gesehen?*

Modalverben – Das Präsens

	sollen	müssen	wollen	können	dürfen	mögen
ich	soll	muss	will	kann	darf	möchte
du	sollst	musst	willst	kannst	darfst	möchtest
er/es/sie	soll	muss	will	kann	darf	möchte
wir	sollen	müssen	wollen	können	dürfen	möchten
ihr	sollt	müsst	wollt	könnt	dürft	möchtet
sie/Sie	sollen	müssen	wollen	können	dürfen	möchten

Die Formen *ich möchte, du möchtest* usw. sind Konjunktivformen von *mögen*.
Sie drücken einen Wunsch aus:
Ich **möchte** nach Hause **fahren**.

S. 135 | Kapitel 17

4 Ergänzen Sie

Wo ist ein Parkplatz? Wo **kann** man hier parken?

1. Ich brauche Benzin, wo _____ man hier tanken?
2. Hier _____ keine Autos fahren, nur Fahrräder.
3. Überholverbot! Hier _____ man nicht überholen.
4. Gleich kommt eine Baustelle, da _____ du langsam fahren.
5. Wir _____ hier nach rechts abbiegen, geradeaus fahren ist verboten.
6. Endlich freie Fahrt! Jetzt _____ ich überholen.
7. Das ist ein Stoppzeichen, wir _____ halten.
8. _____ ich hier halten? – Nein, das ist verboten.

5 Was bedeuten die Schilder? Was soll/kann man (nicht) tun?

Satzstellung

Das konjugierte Modalverb steht in Position II, der Infinitiv am Satzende. Verben mit trennbarer Vorsilbe sind nicht getrennt:

	Position II		**Endposition**
Das	**dürft**	ihr nicht	**vergessen!**
Wann	**müssen**	Sie morgen	**fliegen?**
	Willst	du morgen nicht	**mitkommen?**

Negation von *müssen*:

Muss ich am Samstag ins Büro kommen? – Nein, das ist nicht nötig, Sie **brauchen nicht zu** kommen.
Muss ich das ganze Formular ausfüllen? – Nein, Sie **brauchen nur zu** unterschreiben. (Einschränkung)

S. 135

Kapitel 17

6 Ergänzen Sie

<u>Darfst</u> du in Amerika Auto fahren? – Natürlich, ich habe doch einen internationalen Führerschein.

1. Hier ist Rauchverbot, hier _____ wir nicht rauchen.
2. _____ ich rauchen? – Bitte, ja.
3. Wir _____ die Telefonrechnung bezahlen!
4. Eva ist vierzehn Jahre alt, sie _____ diesen Film noch nicht sehen.
5. Meine Kinder _____ dauernd fernsehen, aber ich erlaube das nicht. Ich suche pro Tag eine Sendung aus und die _____ sie dann sehen.
6. Du rauchst zu viel! – Ich weiß, und ich _____ auch aufhören, aber ich _____ nicht „nein" sagen.
7. Wie _____ man den Satz übersetzen?
8. Mein Mann ist krank, er _____ heute nicht ins Büro kommen, er _____ zum Arzt gehen.
9. Ich war beim Arzt. – Und was sagt er? – Ich _____ nicht rauchen und keinen Alkohol trinken. Und ich _____ täglich etwas Sport treiben. Ich bin zu dick, sagt er, ich _____ abnehmen. Er sagt auch, dass ich eine Diät machen _____. Ich _____ nur Obst und Gemüse essen. – Und trinken? – Das _____ man auch nicht! – Waas? Nichts trinken? – Doch, Wasser _____ man trinken, aber keinen Alkohol und keinen Kaffee mit Zucker.
10. Ich habe ein Problem. Ich weiß nicht, was ich machen _____. _____ du mir helfen?

7 Schreiben Sie

1. Was kann man mit fünf Euro machen? Notieren Sie fünf Möglichkeiten:
Mit fünf Euro kann man einen Hamburger kaufen.

2. Was muss man in Wien (Prag, Berlin, usw.) unbedingt sehen?
In Wien muss man den Stephansdom sehen.

Hundertwasserhaus. Entwurf des Wiener Malers Friedensreich Hundertwasser, geb. 1928

Stephansdom

Nach dem Film

Michael: Ein interessanter Film, nicht wahr?
Gerlinde: Ja, das meine ich auch.
Michael: Gehen wir noch ein Eis essen? Da können wir ein bisschen über den Film reden.
Gerlinde: Gut, aber nicht zu lange. Ich möchte heute früh ins Bett. Morgen habe ich viel Arbeit und da muss ich fit sein.
Michael: In Ordnung. Darf ich dich einladen?

8 Fragen und antworten Sie

▲ Gehen wir in ein Café? Darf ich dich einladen?
● Ja, gern, aber ich kann nicht lange bleiben. Ich muss morgen früh aufstehen.

| ein Café ✦ ein Restaurant
| eine Bar ✦ eine Kneipe

▲ Kann ich dich morgen zu Hause anrufen?
● Wenn du willst, gerne.

| anrufen ✦ abholen ✦ besuchen

9 Ergänzen Sie

Nur Modalverben!

Ich **muss** nach Hause.

1. Oh, so spät ist es schon? Da _____ ich unbedingt nach Hause.
2. Du siehst schlecht aus, du _____ zum Arzt! – Das _____ ich auch, aber heute habe ich keine Zeit.
4. Ich _____ das nicht, das ist zu schwer.
5. Er _____ kein Wort Deutsch.
6. Wann _____ du nach Dresden? – Morgen.
7. _____ du oder _____ du nicht? Ich brauche eine Entscheidung.
8. Hier kommt gleich eine Umleitung, da _____ Sie nicht weiter.
9. Entschuldigung, ich _____ nach Bad Rehburg. Wie komme ich dorthin? – Da _____ Sie zuerst nach Mardorf, von dort gibt es eine Straße nach Rehburg.

Modalverben als Vollverben

Können Sie Deutsch (sprechen)?   Wir **müssen** nach Haus (gehen).
Der Kollege **will** das so (haben).   Du **sollst** das nicht (tun)!
Ich **mag** keinen Fisch (essen).   Das **darfst** du nicht (machen)!

Ich mag dich!

Kapitel 17 | 113

10 Ergänzen Sie

mag- oder möchte-?

Ich esse nie Kartoffeln. Ich **mag** keine Kartoffeln. – **Möchtest** du etwas anderes? Vielleicht Reis oder Nudeln?

1. Was _____ Sie, Kaffee oder Tee?
2. Meine ganze Familie _____ keinen Fisch.
3. Ich _____ das Fernsehen hier nicht, es gibt zu viel Reklame.
4. Wir _____ das Wetter hier, es ist herrlich!
5. Ich _____ jetzt fernsehen.
6. Hast du Hunger? _____ du etwas essen?

---

mag / möchte

mögen heißt „gern haben, Sympathie haben":
Ich **mag** dich, ich hab' dich gern.
Ich **mag** Fisch, ich esse gern Fisch.

möchte- ist eine Konjunktivform von *mögen* und drückt einen Wunsch aus oder die Lust etwas zu tun:
Ich **möchte** einen Kaffee.
Ich **möchte** Urlaub **machen**.

Magst du keinen Pudding? – Doch, aber jetzt **möchte** ich keinen.

Du kannst alles von mir haben, was du willst!

?

Sag mir, was du möchtest.

Traumberufe der Jugend

Von je 1000 Jugendlichen (16 bis 24 Jahre) in Deutschland nannten als Wunschberuf

Männer

- 165 Künstler
- 72 Sportler
- 71 EDV-Berufe
- 67 Ingenieur, Architekt
- 54 Pilot
- 49 Handwerker
- 48 Technische Berufe
- 41 Betriebswirt, Volkswirt
- 41 Naturwissenschaftler
- 39 Jurist

Frauen

- 236 Künstlerin
- 60 Heil-, Pflegeberufe
- 58 Lehrerin, Dozentin
- 53 Ingenieurin, Architektin
- 45 Ärztin
- 45 Sozialberufe
- 45 Kauffrau
- 44 Psychologin
- 42 Tourismusberufe
- 34 Journalistin

© Globus

Traumjob Künstler

Wunsch und Wirklichkeit liegen oft weit auseinander. So geht es auch den Jugendlichen in Ost und West, wenn man sie nach ihren Berufswünschen fragt. An erster Stelle steht bei Frauen und Männern ein künstlerischer Beruf – also Schriftsteller, Maler, Designer, Fotograf, Schauspieler oder Filmemacher. In Wirklichkeit verdienen nur wenige Künstler genügend Geld. Da klingen andere Berufsziele schon realistischer. Aber die Wünsche von Frauen und Männern sind sehr unterschiedlich. Männer finden vor allem technische Berufe attraktiv, Frauen bevorzugen Pflege- und Lehrberufe. Die meisten Jugendlichen sind sehr leistungsorientiert: sie wollen richtig arbeiten, Karriere machen und viel Geld verdienen. Aber nicht nur Geld und Karriere sind wichtig, sondern auch ein gutes Betriebsklima, Freude bei der Arbeit und nette Kollegen.

1 Textarbeit

Was möchten sie werden?

Frauen	Männer	beide

Ich möchte reich werden!

Wo steht das im Text?

1. Männer und Frauen möchten Künstler werden, z.B. Designer oder Fotograf.
2. Nur wenige Künstler verdienen genug Geld.
3. Die Berufswünsche von Männern und Frauen sind nicht gleich.
4. Männer denken, dass technische Berufe interessant sind.
5. Frauen werden gern Lehrerin.
6. Viele junge Leute wollen Geld verdienen.
7. Wenn junge Leute arbeiten, möchten sie Freude haben.

Welche Behauptungen stehen nicht im Text?

1. Männer und Frauen möchten Künstler werden.
2. Nur Künstler verdienen wenig Geld.
3. Die Berufswünsche von Männern und Frauen sind gleich.
4. Die meisten Jugendlichen wollen nur viel Geld verdienen.

2

Lesen Sie die Statistik und berichten Sie.

In Deutschland möchten von 1000 Jugendlichen zwischen 16 und 24 Jahren 165 Künstler werden.

3 Interview

Fragen Sie drei Leute in der Klasse, was sie werden wollen (bzw. welchen Beruf sie haben), was bei der Arbeit wichtig ist und was sie monatlich verdienen wollen. Berichten Sie.

Name	Berufswunsch	Was ist wichtig?	Verdienst
Angelika Gerhard	Diplomatin	Geld, Reisen, Ausland	5 000,–

Angelika möchte Diplomatin werden. Sie möchte im Ausland arbeiten, viel reisen und viel Geld verdienen. Sie möchte monatlich mindestens 5 000,– Euro verdienen.

werden

ich werde du **wirst** er/es/sie **wird**	**werden** als Vollverb: Er **wird** schnell nervös. Erika will Ärztin **werden**.	(Veränderung)
wir werden ihr werdet sie/Sie werden	**werden** als Hilfsverb: Morgen **wird** es **regnen**. Ich **werde** dich nie **vergessen**. Wo **wird** er jetzt wohl **sein**?	(Vermutung) (Ankündigung) (nachdenkliche Frage)

S. 134

„Sie arbeiten langsam, Sie gehen langsam,
Sie verstehen langsam. Geht bei Ihnen auch etwas
schnell?" - „Ja, ich werde schnell müde."

4 *Ergänzen Sie*

Vollverb (V) oder Hilfsverb (H)?

Unser Sohn will Pilot **werden**. V
Er **wird** gleich kommen. H

1. Morgen _____ es bestimmt schön.
2. Acht Uhr? Die Gäste _____ bald kommen.
3. Ich _____ morgen gegen zehn im Büro sein.
4. Wo ist Frau Hölter? – Sie _____ gegen Mittag hier sein.
5. Gisela hat morgen Geburtstag, sie _____ achtzehn.
6. Wir _____ zu spät kommen.
7. Was _____ Sie jetzt machen? – Gar nichts. Ich _____ warten.
8. Wie _____ es unseren Kindern in Kanada wohl gehen?

5 Was drücken die Hilfsverben in Übung 4 aus?
Veränderung, Vermutung, Ankündigung oder nachdenkliche Frage?

Ernst Jandl, my own song

ich will nicht sein
so wie ihr mich wollt
ich will nicht ihr sein
so wie ihr mich wollt
ich will nicht sein wie ihr
so wie ihr mich wollt
ich will nicht sein wie ihr seid
so wie ihr mich wollt
ich will nicht sein wie ihr sein wollt
so wie ihr mich wollt

nicht wie ihr mich wollt
wie ich sein will will ich sein
nicht wie ihr mich wollt
wie ich bin will ich sein
nicht wie ihr mich wollt
wie ich will ich sein
nicht wie ihr mich wollt
ich will ich sein
nicht wie ihr mich wollt will ich sein
ich will sein

Kapitel 18

Am Flughafen

Frau Hüber: Grüß dich! Herzlich willkommen! Wie war der Flug? Angenehm? Konntest du etwas schlafen?
Ihr Freund: Ja, ich konnte etwas schlafen, aber ich hatte einen Raucherplatz. Ich wollte einen Nichtraucherplatz, aber die waren leider alle schon ausgebucht. Und so musste ich eben in der Raucherzone sitzen. Zum Glück rauchte mein Nachbar auch nicht, er war, wie ich, Nichtraucher. Aber lassen wir das Thema! Wie geht es dir? Erzähl mal!

6 Fragen und antworten Sie

▲ Wolltest du nicht fliegen?
● Ja, aber ich konnte nicht, ich hatte keine Zeit.

fliegen ✦ kommen
fahren ✦ bleiben

▲ Wolltet ihr nicht nach Moskau?
● Ja, aber wir konnten leider nicht, wir mussten hier bleiben.

Moskau ✦ Tokio
Madrid ✦ Warschau

7 *Eine Flugbuchung*

1. Wohin wollte die Kundin fliegen?
2. Wann musste sie dort sein?
3. Konnte sie einen Platz in der Business-Klasse bekommen?
4. Konnte sie das Ticket sofort mitnehmen?
5. Wie zahlte die Kundin?
6. Wann wollte sie zurückfliegen?
7. Wollte die Frau auch ein Hotelzimmer?
8. Braucht die Frau einen Mietwagen?

abr REISEBÜRO

Urlaubsreisen
Geschäftsreisen
Flugtickets
Gruppenreisen
Busreisen
Reiseversicherungen
Fahrkarten
Kreuzfahrten
Hotelreservierungen
Mietwagen
Opernreisen

GUTE REISE abr

8 Ergänzen Sie

Welche Verben passen?

Warum wollte die Frau nach Chicago? – Sie **musste/wollte** eine Konferenz besuchen. (müssen/wollen/können)

1. Sie _____ am Sonntag fliegen. (können/wollen/müssen)
2. _____ sie einen Nichtraucherplatz bekommen? (sollen/müssen/können)
3. Sie _____ nicht Touristenklasse fliegen. (dürfen/wollen/können)
4. Sie _____ den Flugschein sofort mitnehmen. (können/müssen/sollen)
5. Sie _____ nur einen kleinen Augenblick warten. (sollen/müssen/dürfen)
6. Sie _____ mit Kreditkarte zahlen. (müssen/wollen/können)
7. Sie _____ den Rückflug noch nicht buchen. (wollen/können/müssen)
8. Die Angestellte _____ ein Hotelzimmer buchen, aber die Frau brauchte kein Zimmer. (wollen/können/sollen)

9 Ergänzen Sie

Was war los?

Meine Freundin **musste** plötzlich nach Chicago.

Meine Freundin _____ am Montag in Chicago sein. Sie _____ am Freitag fliegen, aber da _____ sie keinen Platz bekommen, also _____ sie am Sonntag fliegen.

10 Üben Sie mündlich

Ich wollte dich gestern besuchen, aber ich konnte nicht, ich musste zu Hause arbeiten.

dich besuchen
in die Disko
einen Ausflug machen
ins Kino gehen
Tennis spielen

Modalverben – Das Präteritum

	wollen	sollen	müssen	können	dürfen	mögen
ich	wollte	sollte	musste	konnte	durfte	mochte
du	wolltest	solltest	musstest	konntest	durftest	mochtest
er/es/sie	wollte	sollte	musste	konnte	durfte	mochte
wir	wollten	sollten	mussten	konnten	durften	mochten
ihr	wolltet	solltet	musstet	konntet	durftet	mochtet
sie/Sie	wollten	sollten	mussten	konnten	durften	mochten

S. 136

11 Eine lange Reise

Schreiben Sie die offizielle Uhrzeit

Abflug
Am Flughafen
Abfahrt von zu Hause
Ankunft in Frankfurt
Weiterflug
Ankunft in Düsseldorf
Ankunft mit der Bahn in Menden
Nachrichten im Fernsehen

12 Wann wollten Sie fliegen?

Fragen und antworten Sie

▲ Wollten Sie nicht am vierten fliegen?
● Ja, aber da war alles ausgebucht. Ich musste zwei Tage warten und konnte erst am sechsten fliegen.

vierten ◆ zehnten ◆ vierzehnten
zweiten ◆ siebten ◆ dritten

13 Wann?

Fragen und antworten Sie

Wann hat Max Examen? (23.1.)
Am dreiundzwanzigsten ersten.

1. Wann ist die Prüfung? (13.1.)
2. Wann ist der Kurs zu Ende? (27.7.)
3. Und wann beginnt der nächste? (21.8.)
4. Wann fährst du weg? (17.3.)
5. Wann kommst du zurück? (30.2.)

Am ...
1. **ersten**
2. zweiten
3. **dritten**
4. vierten
5. fünften
6. sechsten
7. **siebten**
8. achten
9. neunten
10. zehnten
11. elften
20. zwanzigsten
21. einundzwanzigsten
30. dreißigsten

S. 145

Wann hast du Geburtstag?

Kapitel 18

Kapitel 19

1 *Berichten Sie*

Was machen die jungen Leute?

Sie tanzen.

Ein Geburtstagsfest

Ulrich: Na, wie war die Fete gestern bei Gisela?

Klaus: Prima, echt Klasse. Wir haben toll gefeiert, bis morgens um zwei. Gisela hat prima CDs und da haben wir so richtig verrückt getanzt.

Ulrich: War Ute auch da?

Klaus: Ja, aber die war den ganzen Abend mit Benjamin am Computer. Ich weiß auch nicht, was die da gemacht haben. Irgendwas mit Internet oder so.

Ulrich: Und Eddie? Hat der wieder so viel gequatscht?

Klaus: Na ja, zuerst hat er seine alten Witze erzählt, aber niemand hat gelacht. Dann hat er mit Angelika geflirtet und irgendwann waren die dann weg. Warum warst du denn nicht da?

Ulrich: Ich wollte ja kommen, aber dann konnte ich nicht, ich hatte bis zehn Uhr einen Job und das Geld brauche ich.

2 Ergänzen Sie

Was habt ihr gemacht?

Inge hatte Geburtstag, wir **haben** bis zwei Uhr **gefeiert**.   feiern

1. Was _____ ihr _____?   machen
2. Wir _____ viel _____.   tanzen
3. Ich _____ ziemlich viel _____ und zu viel _____.   trinken, rauchen
4. Eddie _____ seine alten Witze _____, aber niemand _____ _____.   erzählen, lachen
5. Er _____ mit Angelika _____.   flirten
6. Ulrich _____ _____.   arbeiten

3

Berichten Sie von einer Party.

4 Fragen und antworten Sie

▲ Hast du etwas gemacht?
● Nein, ich habe nichts gemacht.

machen ✦ sagen ✦ hören
kaufen ✦ lernen

▲ Hast du etwas erzählt?
● Nein, ich habe nichts erzählt.

erzählen ✦ erklären ✦ bestellen
bezahlen ✦ übersetzen

▲ Hast du das Radio angestellt?
● Ja, das war ich, ich habe das Radio angestellt.

das Radio anstellen ✦ den Fernseher ausmachen ✦ das Fenster zumachen ✦ die Tür aufmachen

---

Das Partizip II – Regelmäßige / schwache Verben

machen	→	**ge**macht	lachen rauchen fehlen
arbeiten	→	**ge**arbeitet	antworten warten flirten
besuchen	→	besucht	erzählen übersetzen verkaufen
einkaufen	→	ein**ge**kauft	aufhören ausfüllen zumachen
studieren	→	studiert	fotokopieren telefonieren

Das Partizip II hat die Vorsilbe *ge-* (gemacht). Bei Verben mit trennbarer Vorsilbe steht *-ge-* zwischen Vorsilbe und Verb (eingekauft).

Die Vorsilbe *ge-* steht nicht bei:

– Verben mit untrennbarer Vorsilbe (*besuchen, erzählen* usw.)
– Verben auf *-ieren* (*fotografieren, studieren* usw.)

Das Partizip II der regelmäßigen Verben hat die Endung *-t* (gemacht, gefehlt).

Verben mit zwei Vorsilben haben im Partizip II kein *ge-*:
Ich habe das Abonnement **abbestellt**.

S. 138

122 | Kapitel 19

5 Ordnen Sie zu

Erledigungen

Konferenz — machen
Blumen — erledigen
Spanischkurs — bestellen
Tennis — bezahlen
Konzertkarten — prüfen
Kalkulation — spielen
Post — kaufen
Termine — besuchen
Firma Meier — kontrollieren
Rechnungen — leiten

6 Schreiben Sie

Frau Eggebrecht ist berufstätig. Sie hatte einen schweren Tag. Was hat sie alles gemacht? Benutzen Sie die Lösungen von Übung 5.

Sie hat eine Konferenz besucht.

Das Perfekt

haben + Partizip II

Ich habe gelernt.
Ich habe gestern nicht viel gearbeitet.

S. 137

Satzstellung

	Position II		Endstellung
Was	**hast**	du gestern	**gemacht?**
Ich	**habe**	den Brief	**übersetzt.**
	Hast	du die Wohnung	**aufgeräumt?**
Ich	**habe**	ihn nicht	**gefragt.**

Das konjugierte Verb *haben* steht in Position II,
das Partizip II immer am Satzende.

Kapitel 19 | 123

7 Ergänzen Sie

„Und was hast du heute den ganzen Tag zu Hause **gemacht**, Liebling? Viel Arbeit hattest du sicher nicht, oder?"

„Nur das Übliche. Zuerst habe ich die Betten _____, das Geschirr von gestern Abend _____ und die Wohnung _____. Dann habe ich etwas im Supermarkt _____. Mittags habe ich die Kinder von der Schule _____ und Essen _____. Nachmittags habe ich mit den Kindern die Hausaufgaben _____. Gegen vier habe ich Herbert _____. Ach ja, deine Blusen habe ich auch _____. Und natürlich das Abendessen _____. Das ist alles, mehr habe ich nicht _____."

spülen ✦ bügeln ✦ einkaufen
abholen ✦ vorbereiten
~~machen~~ ✦ kochen ✦ besuchen
aufräumen

8 Herr Eggebrecht ist Hausmann. Was hat er den ganzen Tag gemacht? Schreiben Sie Ihre Vermutungen auf. Hören Sie dann ein Gespräch von Herrn und Frau Eggebrecht. Kreuzen Sie an, wenn Ihre Vermutung richtig war.

Vermutungen   r   f

1. Er hat die Betten gemacht.   ■   ■
2. Er hat gefrühstückt.   ■   ■
3. …   ■   ■

Hören Sie das Gespräch noch einmal und schreiben Sie auf, was Herr Eggebrecht noch gemacht hat. Berichten Sie.

9 Fragen und antworten Sie

● Hast du etwas eingekauft?
▲ Natürlich habe ich etwas eingekauft.

~~etwas einkaufen~~ ✦ das Zimmer aufräumen ✦ die Wohnung sauber machen ✦ den Jungen abholen

124 | Kapitel 19

10 *Bilden Sie Verben. Ergänzen Sie die Sätze mit den Verben.*

das Foto   **fotografieren**

die Information ✦ das Studium ✦ der Export ✦ die Reservierung
die Diskussion ✦ die Reparatur ✦ der Import ✦ die Gratulation
die Kontrolle ✦ die Investition ✦ das Telefon ✦ die Kopie

Hast du Gisela **_fotografiert_**? – Nein, ich hatte keine Kamera.

1. Wo hast du _____? – In Freiburg, Germanistik.
2. Was habt ihr gemacht? – Nichts, nur geredet und _____.
3. Hast du Wolfgang zum Geburtstag _____?
4. Haben Sie meinen Wagen schon _____? – Ja, er ist fertig, Sie können ihn abholen.
5. Hast du die Rechnung _____? – Ja, alles in Ordnung.
6. Die Firma hat viel Zeit und Geld in das Projekt _____, aber jetzt verdient sie auch viel Geld.
7. Hast du die Karten für morgen Abend gekauft? – Nein, aber ich habe zwei Plätze _____.
8. Das Land kann diese Maschinen nicht produzieren, es muss sie _____. – Und wie bezahlt es die Importe? – Es _____ landwirtschaftliche Produkte, Fleisch und Getreide.
9. Haben Sie die Mitarbeiter benachrichtigt? – Ja, ich habe alle _____.
10. Hast du die Seiten _____? – Noch nicht, der Apparat ist kaputt.

11 *Fragen und antworten Sie*

▲ Warum warst du gestern nicht bei Gisela?
● Weil ich keine Zeit hatte.

▲ Warum war er/sie gestern nicht bei Gisela?
● Weil er/sie keine Zeit hatte.

Ich hatte keine Zeit.
Ich hatte keine Lust.
Ich war im Theater.
Ich war nicht hier.
Ich war in Köln.
Ich musste arbeiten.
Ich habe gearbeitet.

Warum …? Weil …

Der Nebensatz mit *weil* gibt einen Grund an. (Kausalsatz)

Warum bleibt er zu Haus? – **Weil** er krank ist.
Er bleibt zu Haus, **weil** er krank ist.
Weil er krank ist, bleibt er zu Haus.

Andere Fragewörter: *wieso/weshalb*

S. 153

Kapitel 19 | 125

12 Ergänzen Sie

Wie war die Party?

Wie war die Party? Waren <u>viele</u> da?

1. Waren _____ da? – Ja, fast alle Freunde von Gisela.
2. Habt ihr lange gefeiert? – Natürlich! Bis um drei Uhr morgens und _____ haben sogar am nächsten Morgen bei Gisela gefrühstückt.
3. Um Mitternacht wollte Fritz eine Rede halten, aber _____ wollte ihn hören.
4. Ich habe fast _____ getrunken, nur zwei Glas Wein.
5. Hast du Gisela _____ geschenkt? – Ja, eine CD.
6. Wie sagt _____ auf Deutsch „Happy Birthday"?

Alle schlafen, einer spricht, so was nennt man Unterricht!

Indefinitpronomen

alle   viele   einige   wenige   (keiner/niemand)

Verstehst du die Fragen? – Ich verstehe **einige**, aber nicht **alle**.
Waren **viele** da? – Nein, nur **wenige**.

jemand   niemand   man

War **jemand** da? – Nein, **niemand**.
Was kann **man** da machen?

Möchten Sie noch **etwas**? – Nein danke, **nichts** mehr, das ist **alles**.   *S. 147*

---

13 Ergänzen Sie

Antworten Sie mit und ohne **weil**.

Warum warst du gestern Abend nicht bei Gisela? (keine Zeit haben)

Ich hatte keine Zeit.
Weil ich keine Zeit hatte.

1. Wieso ist er nicht hier? (krank sein)
2. Weshalb habt ihr keinen Wagen? (keinen brauchen)
3. Warum wollen Sie morgen Vormittag frei haben? (meine Mutter am Flughafen abholen wollen)
4. Warum will er zum Flughafen? (seine Mutter zurückkommen)

Kapitel 20

1 *Am Morgen. Hat das Ehepaar das so oder ähnlich gesagt?*

			ja	nein
1.	Frau:	Du hast nicht genug geschlafen.		
2.	Frau:	Ich habe schon gefrühstückt.		
3.	Mann:	Hast du die Zeitung gelesen?		
4.	Frau:	Was hast du gestern Abend getrunken?		
5.	Mann:	Der Kaffee schmeckt mir nicht.		
6.	Frau:	Das ist aber komisch!		
7.	Frau:	Antworte doch!		
8.	Mann:	Ich habe lange gearbeitet.		
9.	Mann:	Ich war mit Egon im Restaurant.		
10.	Mann:	Wir haben zusammen etwas gegessen.		
11.	Mann:	Wir waren auf dem Fußballplatz.		
12.	Mann:	Dann haben wir noch ein paar Bier getrunken.		
13.	Frau:	Warum hast du nicht angerufen?		
14.	Mann:	Hier habe ich noch etwas ferngesehen.		

2 *Hören Sie einzelne Sätze aus dem Gespräch noch einmal und wiederholen Sie diese.*

3 Fragen und antworten Sie

▲ Hast du die Zeitung gelesen?
● Nein, die habe ich nicht gelesen.

▲ Hast du Wagners eingeladen?
● Nein, ich habe sie nicht eingeladen.

die Zeitung gelesen ✦ den Film gesehen ✦ den Kuchen gegessen mein Bier getrunken

Wagners ✦ Müllers ✦ Hartwegs Bergers

4 Ergänzen Sie

Hast du lange **geschlafen**? – Ja, fast acht Stunden, ich war sehr müde.

1. Hast du die Zeitung schon _____?
2. Hast du das Fußballspiel gestern Abend _____?
3. Wir waren in einem neuen Restaurant. Franz hat mich _____. Wir haben gut _____ und _____.
4. Ich habe gestern _____, aber dein Telefon funktionierte nicht.
5. Haben Sie meinen Leserbrief in der Zeitung _____?
6. Das Auto ist so schmutzig, warum hast du es noch nicht _____?
7. Hast du die Wörter gelernt? – Ja, aber ich habe sie schon wieder _____.

Das Partizip II – Unregelmäßige / starke Verben

Das Partizip II der unregelmäßigen Verben hat die Endung -*en* :

lesen	→	gel**es**en	sehen geben vergessen
schlafen	→	geschlaf**en**	waschen einladen lassen
anrufen	→	angeruf**en**	
bekommen	→	bekomm**en**	

Die unregelmäßigen Verben ändern oft den Vokal oder die Konsonanten:

trinken	→	ge**t**r**u**nken
verlieren	→	verl**o**ren
essen	→	ge**g**essen
nehmen	→	ge**n**ommen

Manche Verben bilden das Perfekt mit *sein*:

| fahren | → | Sie **sind** in die Stadt gefahren. |
| kommen | → | Er **ist** nicht gekommen. |

Es ist nichts passiert.

S. 138

Kapitel 20

5 Ergänzen Sie die Sätze

Das Perfekt im Nebensatz

Im Nebensatz steht das konjugierte Verb immer am Satzende:
Weißt du, warum er das gemacht **hat**?
Ich erzähle nicht, was ich gehört **habe**.
Hast du gesagt, dass du ihn gesehen **hast**?
Er wollte wissen, ob ich das gesagt **habe**.

S. 154

Ein Unfall

~~fragen~~ ~~machen~~ aufpassen reagieren
haben reden sehen passieren trinken
anfahren geben bremsen machen fahren

Der Vater hat Karl *gefragt*, was er gestern Abend *gemacht* hat.

1. Ich habe einen Unfall _____ .
2. Wie hast du das denn _____ ?
3. Gerd und ich, wir haben zwei, drei Bier _____ und dann sind wir zusammen nach Haus _____ .
4. Da habe ich einen Wagen _____ .
5. Wie ist das denn _____ ?
6. Wir haben zusammen _____ und da habe ich nicht _____ .
7. Der Wagen vor mir musste bremsen. Das habe ich zu spät _____ und nicht schnell genug _____ .
8. Ich habe zu spät _____ .
9. Der Fahrer wollte meine Adresse und die Versicherungsnummer haben und ich habe sie ihm _____ .

6
Hören Sie ein Telefongespräch und überprüfen Sie Ihre Lösungen.

7
Hören Sie, was Gerd erzählt hat. Was ist anders?

8 Fragen und antworten Sie

▲ Was hast du denn gemacht?
■ Ich sage dir nicht, was ich gemacht habe.

▲ Was wollte er denn wissen?
■ Er wollte wissen, was ich gemacht habe.

▲ Was wollte er wissen?
■ Er wollte wissen, ob ich das gemacht habe.

▲ Soll er das denn nicht wissen?
■ Nein, der soll nicht wissen, dass ich das gemacht habe.

machen ✦ kaufen ✦ hören
sehen ✦ bekommen

Kapitel 20 | 129

Das Partizip als Adjektiv hat die Adjektivdeklination:

	Partizip I	Partizip II
Maskulin	ein führend**er** Politiker	gegrillt**er** Fisch
Neutrum	kochend**es** Wasser	ein gemischt**es** Eis
Feminin	eine leitend**e** Angestellte	gefüllt**e** Paprika
Plural	lachend**e** Menschen	gekocht**e** Kartoffeln

S. 139

9

Bilden Sie das Partizip II und ergänzen Sie.

~~kochen~~   flambieren   füllen   mischen

kochen *gekocht*
Bitte ein *gekochtes* Ei!

1. Ich hätte gern ein _____ Eis mit Sahne.
2. Was gibt's heute? – _____ Paprika in Tomatensoße und einen Salat. Und zum Nachtisch _____ Banane.
3. Bitte 100 g _____ Schinken.

Das Partizip als Adjektiv

Partizip I: Infinitiv + d
kochen + d = kochend

Das Wasser kocht. – kochendes Wasser

Partizip II:
Der Fisch ist gegrillt. – gegrillter Fisch

S. 139

10

Schreiben Sie die unregelmäßigen Verben aus den Übungen 3, 4, 5 und 8 in die Tabelle.

sehen	vergessen (nicht trennbar)	ausmachen (trennbar)	trinken (Vokalwechsel)
			schreiben

Kapitel 20

Silverton, 23.8.1997

Liebe Gisela,

ich habe lange nicht geschrieben, aber ich habe dich nicht vergessen. Ich habe schon viel gesehen und viele Fotos gemacht. Ich war ein paar Tage im Grand Canyon und dann im Monument Valley, im Navajo-Land und bei den Hopi-Indianern. Das Land ist phantastisch, weit und leer. Jetzt bin ich in Silverton, im Staat Colorado. Die Fahrt hierher war schwer. Ich bin über Dolores gefahren und das war ein Fehler, denn die Gegend ist einsam und es gibt nur wenige Autos, und die haben nur selten gehalten. Einmal habe ich zwei Stunden gewartet. Silverton ist schön, ein altes amerikanisches Städtchen wie in einem Cowboyfilm. Ich habe oft gezeltet, aber hier habe ich in einem Motel geschlafen, denn nachts ist es sehr kalt; Silverton liegt über 3000 m hoch.

Leider habe ich schon viel Geld ausgegeben und ich esse nur noch wenig, Kekse, Bananen, Sandwiches und ähnliche Sachen. Aber manchmal haben mich Leute auch eingeladen, dann habe ich „richtig" gegessen, Steak, Hühnchen, Fisch und natürlich habe ich dann auch Bier getrunken, aber es ist leider sehr schwach. In drei Wochen werde ich zurück sein, dann werde ich dir die Fotos zeigen und viel erzählen. Schade, dass du nicht mitkommen konntest!

Ganz liebe Grüße
dein Klaus

11 *Schreiben Sie einen Brief von einer Urlaubsreise an Ihren Freund/Ihre Freundin in Deutschland.*

Datum   Anrede   Wo sind Sie?   Was machen Sie?   Was haben Sie gesehen?   Wie reisen Sie?   Wie und wo übernachten Sie?   Wie ist Ihre finanzielle Situation?   Was essen Sie?   Wann werden Sie zurückkommen?   Gruß

Der Gebrauch von Perfekt und Präteritum

Präteritum und Perfekt drücken etwas aus, was in der Vergangenheit passiert ist:

Ich **fragte** sie, wie es ihr geht.
Ich **habe** sie oft **gefragt**, aber sie **hat** nie **geantwortet**.

Das Perfekt
– ist charakteristisch in mündlichen Erzählungen, Briefen:
   … und dann habe ich Inge gesehen. Wir haben zusammen geredet, geraucht und getanzt. Fritz war auch da, aber der hat nur Karten gespielt …

Das Präteritum
– ist charakteristisch in schriftlichen Erzählungen, Berichten:
   Goethe lebte von 1749 bis 1832. Er studierte in Leipzig und Straßburg. In Weimar arbeitete er als Minister.

– benutzt man fast immer mündlich und schriftlich bei *haben, sein* und den Modalverben:
   Ich war in Berlin. Ich hatte wenig Geld.
   Ich wollte ins Haus, aber ich konnte den Schlüssel nicht finden.

S. 137

Gedenktafel in Füssen/Allgäu

Das Verb

Das Verb ist im deutschen Satz das grammatische Zentrum.
Die Grundform ist der Infinitiv: *wohnen*
Diese Form hat zwei Teile: Verbstamm *wohn-* und Endung *-en.*

Das Präsens

Die Konjugation der regelmäßigen / schwachen Verben

		wohnen	arbeiten	haben
Singular	ich	wohne	arbeite	**habe**
	du	wohnst	arbeitest	**hast**
	er/es/sie	wohnt	arbeitet	**hat**
Plural	wir	wohnen	arbeiten	**haben**
	ihr	wohnt	arbeitet	**habt**
	sie/Sie	wohnen	arbeiten	**haben**

Wenn der Stamm auf *-d/-t* oder mit einem Konsonanten + *-m/-n* endet, dann erscheint zwischen Stamm und Endung ein *-e-*:
antwortet, redet, öffnet

Die Konjugation der unregelmäßigen / starken Verben

	geben	sehen	essen	nehmen	fahren	sein
ich	gebe	sehe	esse	nehme	fahre	**bin**
du	gibst	siehst	isst	nimmst	fährst	**bist**
er/es/sie	gibt	sieht	isst	nimmt	fährt	**ist**
wir	geben	sehen	essen	nehmen	fahren	**sind**
ihr	gebt	seht	esst	nehmt	fahrt	**seid**
sie/Sie	geben	sehen	essen	nehmen	fahren	**sind**
	sprechen	lesen			halten	

Starke Verben ändern oft den Stammvokal:
halten – h**ä**lt

Manchmal ändern sie auch den Konsonanten:
nehmen – ni**mm**t

Anhang | 133

Die Konjugation von *werden*

werden	
ich	werd**e**
du	**wirst**
er/es/sie	**wird**
wir	werd**en**
ihr	werd**et**
sie/Sie	werd**en**

Gebrauch von *werden*

werden als Vollverb:
Er **wird** nervös.
Erika will Ärztin **werden**. (Veränderung)

werden als Hilfsverb:
Morgen **wird** es **regnen**. (Vermutung)
Ich **werde** dich nie **vergessen**. (Ankündigung)
Wo **wird** er jetzt wohl **sein**? (nachdenkliche Frage)

Die Konjugation von *wissen, mögen*

	wissen	mögen
ich	**weiß**	**mag**
du	**weißt**	**magst**
er/es/sie	**weiß**	**mag**
wir	wiss**en**	mög**en**
ihr	wiss**t**	mög**t**
sie/Sie	wiss**en**	mög**en**

mag / möchte

mögen heißt „gern haben, Sympathie haben":
Ich **mag** dich, ich hab' dich gern.
Ich **mag** Fisch, ich esse gern Fisch.

möchte- ist eine Konjunktivform von *mögen* und drückt
einen Wunsch aus oder die Lust etwas zu tun:
Ich **möchte** einen Kaffee.
Ich **möchte** Urlaub **machen**.

Magst du keinen Pudding? – Doch, aber jetzt **möchte** ich keinen.

Verben mit trennbarer Vorsilbe / trennbarem Präfix

abfliegen

Die Maschine fliegt   um 22.05 Uhr in Frankfurt   ab.

abfahren ankommen

Die Vorsilbe ist betont: *ánkommen, ábfliegen*

Die trennbare Vorsilbe steht am Satzende:

		Position II		Endposition
aufstehen	Ich	**stehe**	um sieben Uhr	**auf.**
anrufen	Wann	**ruft**	sie	**an?**
mitkommen		**Kommst**	du	**mit?**

Die Konjugation der Modalverben

	sollen	müssen	wollen	können	dürfen	mögen
ich	soll	muss	will	kann	darf	möchte
du	sollst	musst	willst	kannst	darfst	möchtest
er/es/sie	soll	muss	will	kann	darf	möchte
wir	sollen	müssen	wollen	können	dürfen	möchten
ihr	sollt	müsst	wollt	könnt	dürft	möchtet
sie/Sie	sollen	müssen	wollen	können	dürfen	möchten

Die Formen *ich möchte, du möchtest* usw. sind Konjunktivformen von *mögen*.
Sie drücken einen Wunsch aus:
Ich **möchte** nach Hause **fahren**.

Das konjugierte Modalverb steht in Position II, der Infinitiv am Satzende.
Verben mit trennbarer Vorsilbe sind nicht getrennt:

	Position II		Endposition
Wann	**müssen**	Sie morgen	**fliegen?**
	Willst	du nicht	**mitkommen?**

Herr Kottke, Sie sollen Frau Leschnik anrufen.
Du sollst nicht töten!
Musst du morgen arbeiten?
Wir möchten gerne bleiben, aber wir müssen nach Hause.
Er will alles genau wissen.
Wohin wollen Sie im Urlaub?

Ich kann das nicht allein machen, bitte hilf mir!
Er spricht Italienisch, aber er kann kein Spanisch.
Das dürft ihr nicht, das ist verboten.

Das Präteritum

Die Konjugation der regelmäßigen / schwachen Verben

	leben	arbeiten	haben
ich	lebte	arbeitete	hatte
du	lebtest	arbeitetest	hattest
er/es/sie	lebte	arbeitete	hatte
wir	lebten	arbeiteten	hatten
ihr	lebtet	arbeitetet	hattet
sie/Sie	lebten	arbeiteten	hatten

Wenn der Stamm auf *-d/-t* oder mit einem Konsonanten + *-m/-n* endet, dann erscheint zwischen Stamm und Endung ein *-e-*: antwortete, redete, öffnete.

Die Konjugation von *sein*

	sein
ich	war
du	warst
er/es/sie	war
wir	waren
ihr	wart
sie/Sie	waren

Die Konjugation der Modalverben

	wollen	sollen	müssen	können	dürfen	mögen
ich	wollte	sollte	musste	konnte	durfte	mochte
du	wolltest	solltest	musstest	konntest	durftest	mochtest
er/es/sie	wollte	sollte	musste	konnte	durfte	mochte
wir	wollten	sollten	mussten	konnten	durften	mochten
ihr	wolltet	solltet	musstet	konntet	durftet	mochtet
sie/Sie	wollten	sollten	mussten	konnten	durften	mochten

Der Gebrauch des Präteritums

Das Präteritum
– ist charakteristisch in schriftlichen Erzählungen, Berichten:
Goethe lebte von 1749 bis 1832. Er studierte in Leipzig und Straßburg. In Weimar arbeitete er als Minister.

– benutzt man fast immer mündlich und schriftlich bei *haben, sein* und den Modalverben:
Ich war in Berlin. Ich hatte wenig Geld.
Ich wollte ins Haus, aber ich konnte den
Schlüssel nicht finden.

Das Perfekt

Die Bildung des Perfekts

haben
sein   + Partizip II

Hast du das **gemacht**?
Er **ist** nicht **gekommen**.

Das konjugierte Verb *haben/sein* steht in Position II,
das Partizip II immer am Satzende:

	Position II		
	Hast	du das Licht	**ausgemacht?**
Es	**ist**	nichts	**passiert.**

Der Gebrauch des Perfekts

Das Perfekt
– ist charakteristisch in mündlichen Erzählungen, Briefen:
… und dann habe ich Inge gesehen. Wir haben zusammen geredet, geraucht und getanzt. Fritz war auch da, aber der hat nur Karten gespielt …

Das Partizip II der regelmäßigen / schwachen Verben

Bildung

ge- + Verbstamm + *-(e)t* : machen → **ge**mach**t**, arbeiten → **ge**arbei**tet**

Die Vorsilbe *ge-* steht nicht bei:
Verben mit untrennbarer Vorsilbe (besuchen → besucht)
Verben auf *-ieren* (studieren → studiert)

Bei Verben mit trennbarer Vorsilbe steht *-ge-* nach der Vorsilbe:
zumachen → zu**ge**macht

machen	→	**ge**macht	lachen rauchen fehlen
arbeiten	→	**ge**arbeitet	antworten warten flirten
besuchen	→	besucht	erzählen übersetzen verkaufen
einkaufen	→	ein**ge**kauft	aufhören ausfüllen zumachen
studieren	→	studiert	fotokopieren telefonieren

Verben mit zwei Vorsilben haben im Partizip II kein *ge-*:
Ich habe das Abonnement **abbestellt**.

Das Partizip II der unregelmäßigen / starken Verben

Bildung

ge- + Verbstamm + *-en*: lesen → **ge**lesen

Die unregelmäßigen Verben ändern oft den Vokal oder
die Konsonanten:
trinken → **ge**trunken
nehmen → **ge**n**omm**en
essen → **ge**gessen

Die Vorsilbe *ge-* steht nicht bei Verben mit untrennbarer Vorsilbe:
verlieren → verloren

Bei Verben mit trennbarer Vorsilbe steht *-ge-* nach der Vorsilbe:
anrufen → an**ge**rufen

Der Gebrauch des Partizips II

als Teil des Perfekts:
　Ich habe das nicht **gemacht**.

als Adjektiv:
　Der Fisch ist **gegrillt**.
　... **gegrillter** Fisch ...

Das Partizip I

Bildung

Infinitiv + -d: kochen + -d → koche**nd**

Der Gebrauch des Partizips I

als Adjektiv:
　Das Wasser kocht.   ... **kochendes** Wasser ...

als Adverb:
　Lachend antwortete er.

Der Imperativ

Bildung

Verbstamm + Endung
Die *du*-Form hat oft keine Endung.

	machen	halten	nehmen	haben	sein
du	mach(e)	halte	nimm	hab	sei
ihr	macht	haltet	nehmt	habt	seid
wir	machen wir	halten wir	nehmen wir	haben wir	seien wir
Sie	machen Sie	halten Sie	nehmen Sie	haben Sie	seien Sie

Wenn der Verbstamm auf *-t, -d, -n, -ig* endet, braucht die *du*-Form des Imperativs ein *-e* als Endung:
Warte! Öffne! Entschuldige!

Bei den unregelmäßigen / starken Verben mit einem *e* im Stamm (nehmen, lesen, vergessen) erscheint in der *du*-Form oft *i/ie*: nehmen → n**imm**, lesen → l**ie**s, vergessen → verg**iss**. *Aber:* gehen → geh

Die trennbare Vorsilbe steht am Satzende: Hör **zu**!

Der Konjunktiv II von *mögen, haben, sein*

	mögen	haben	sein
ich	möchte	hätte	wäre
du	möchtest	hättest	wär(e)st
er/es/sie	möchte	hätte	wäre
wir	möchten	hätten	wären
ihr	möchtet	hättet	wär(e)t
sie/Sie	möchten	hätten	wären

möchte, hätte gern und *wäre gern* drücken einen Wunsch aus:
Ich **möchte** einen Kaffee.
Ich **hätte** jetzt **gern** Urlaub.
Ich **wäre gern** in Italien.

Das Nomen

Alle Nomen haben ein Genus. Der bestimmte Artikel zeigt das Genus:
Maskulin (*der*), Neutrum (*das*), Feminin (*die*).

Nomen haben Singular- und Pluralformen: der Mensch - die Menschen.
Die Pluralformen haben kein Genus.

Im Satz erscheinen Nomen in einem Fall/Kasus: Nominativ, Akkusativ, Dativ, Genitiv.

Der Artikel

	Singular Maskulin	Neutrum	Feminin	Plural
Nominativ				
bestimmt	der Lehrer	das Kind	die Frau	die Eltern
unbestimmt	ein Lehrer	ein Kind	eine Frau	– Eltern
unbestimmt negativ	kein Lehrer	kein Kind	keine Frau	keine Eltern
Akkusativ				
bestimmt	**den** Lehrer	das Kind	die Frau	die Eltern
unbestimmt	**einen** Lehrer	ein Kind	eine Frau	– Eltern
unbestimmt negativ	**keinen** Lehrer	kein Kind	keine Frau	keine Eltern

Nur Maskulin Singular hat im Akkusativ eine eigene Form:
den, **einen**, **keinen**.

Im Plural gibt es für Maskulin, Neutrum und Feminin nur eine Form.
Nominativ und Akkusativ sind gleich.

Der Fall / Der Kasus

Im Deutschen gibt es vier Fälle: Nominativ, Akkusativ, Dativ und Genitiv.
Das Subjekt des Satzes steht im Nominativ: **Der Parkplatz** ist voll.

Die Objekte im Satz stehen im Akkusativ und Dativ:
Kennen Sie **den Weg** nach Neustadt?
Wie geht es **Ihnen**?

Manche Verben verlangen den Akkusativ:

abholen	essen	kaufen	nehmen	verkaufen
besuchen	finden	kennen	sehen	verstehen
brauchen	haben	lesen	suchen	(und andere)
es gibt	holen	mögen	trinken	

Ich verstehe **den** Lehrer nicht.
Brauchst du **keinen** Urlaub?
Wir suchen **eine** Wohnung.
Gibt es **keinen** Wein mehr?

Anhang

Der Akkusativ bei Zeit- und Maßangaben

Das dauert **einen** Monat.
Bitte warten Sie **einen** Moment!
Ich war **den ganzen** Tag im Büro.
Das kostet **einen** Euro.

Manche Verben verlangen den Dativ:

> gehören   gefallen   schmecken   es geht   (und andere)

Wem gehört das? – **Mir**!
Wie geht es **Ihnen**?

Der Plural der Nomen

der Manager (-)	die Manager	der Lehrer, der Computer, das Zimmer, der Schlüssel, der Fehler
die Tochter (¨)	die Töchter	die Mutter, der Vater, der Bruder
der Film (-e)	die Filme	der Tag, der Freund, der Tisch
die Stadt (¨e)	die Städte	der Satz, der Stuhl, die Bank
das Kind (-er)	die Kinder	das Bild, das Ei
das Buch (¨er)	die Bücher	das Haus, das Wort, das Land, der Mann
die Diskette (-n)	die Disketten	die Tasche, die Kassette, die Straße, die Frage
der Tourist (-en)	die Touristen	der Student, der Professor, der Mensch, die Bank
die Freundin (-nen)	die Freundinnen	die Studentin, die Sekretärin
das Auto (-s)	die Autos	das Video, das Restaurant, das Foto, das Hotel
Nur Plural:	die Leute, die Eltern, die Möbel	

Der Artikel

Der bestimmte Artikel im Nominativ und Akkusativ Plural heißt immer *die*:
der Tourist   Woher kommen **die** Tourist**en**?
das Foto   **Die** Fotos sind schön!
die Diskette   Hast du **die** Disketten?

bestimmt: Woher kommen **die** Fotos?
unbestimmt: Haben Sie Kinder?
negativ: Ich habe **keine** Kind**er**.

Das Adjektiv

Adjektive beschreiben etwas:
Der Film ist **schön**.   ... ein **schöner** Film ...

Man kann das Adjektiv prädikativ benutzen, es ergänzt ein Verb
und hat keine Deklination:
Der Film ist **schön**.   Das Wetter bleibt **warm**.

Mann kann das Adjektiv attributiv benutzen, es steht vor
dem Nomen und hat eine Deklination:
... ein **schöner** Film ...   ... **warmes** Wetter ...

Die Deklination nach dem unbestimmten Artikel

	Singular Maskulin (der)	Neutrum (das)	Feminin (die)	Plural (die)
Nominativ	ein schön**er** Film	ein alt**es** Auto	eine gute Idee	schöne Sachen
Akkusativ	einen schön**en** Film	ein alt**es** Auto	eine gute Idee	schöne Sachen

Nach dem unbestimmten negativen Artikel (*kein-*) und dem Possessivpronomen gibt es im Singular dieselben Endungen:
kein schöner Film, **mein** altes Auto, **keine** gute Idee.

Die Deklination ohne Artikel

	Singular Maskulin (der)	Neutrum (das)	Feminin (die)	Plural (die)
Nominativ:	russisch**er** Wodka	deutsch**es** Bier	ungarische Salami	schöne Sachen
Akkusativ:	russisch**en** Wodka	deutsch**es** Bier	ungarische Salami	schöne Sachen

Die Zahlwörter

Die Grundzahlen / Kardinalzahlen

0	null	30	dreißig
1	eins	40	vierzig
2	zwei	50	fünfzig
3	drei	60	sechzig
4	vier	70	siebzig
5	fünf	80	achtzig
6	sechs	90	neunzig
7	sieben	100	(ein-)hundert
8	acht	101	hunderteins
9	neun	102	hundertzwei
10	zehn	103	hundertdrei
11	elf	200	zweihundert
12	zwölf	300	dreihundert
13	dreizehn	1000	(ein-)tausend
14	vierzehn	2000	zweitausend
15	fünfzehn	10 000	zehntausend
16	sechzehn	1 000 000	eine Million
17	siebzehn	2 000 000	zwei Millionen
18	achtzehn	1 000 000 000	eine Milliarde
19	neunzehn		
20	zwanzig		
21	einundzwanzig		
22	zweiundzwanzig		
23	dreiundzwanzig		
24	vierundzwanzig		
25	fünfundzwanzig		
26	sechsundzwanzig		
27	siebenundzwanzig		
28	achtundzwanzig		
29	neunundzwanzig		

Die Ordnungszahlen / Ordinalzahlen (Datumsangabe)

Am ...
1.	ersten	8.	achten
2.	zweiten	9.	neunten
3.	dritten	10.	zehnten
4.	vierten	11.	elften
5.	fünften		
6.	sechsten	20.	zwanzigsten
7.	siebten	21.	einundzwanzigsten
		30.	dreißigsten

Preis-, Maß- und Mengenangaben

Preise, Maß- und Mengenangaben (Maskulin/Neutrum) stehen im Singular:

3,50 Euro – drei Euro fünfzig
0,50 Euro – fünfzig Cent
Drei Pfund Kartoffeln, bitte!
Ich habe **drei Glas** Bier getrunken.
Hundert Gramm kosten 2,40 Euro.

Aber (Feminin):

zwei Schachtel**n** Zigaretten   drei Tafel**n** Schokolade
zwei Flasche**n** Wein   vier Dose**n**/Büchse**n** Bier

Das Verb steht im Singular oder Plural:

Ein Liter **kostet** 1,40 Euro.
Drei Liter **kosten** 4,20 Euro.

Jahreszahlen

1945   neunzehnhundertfünfundvierzig
2001   zweitausendeins

Das war neunzehnhundertsechsundneunzig.
Das war im Jahr neunzehnhundertsechsundneunzig.

Anhang | 145

Datum

17.8.   Heute ist **der** siebzehn**te** ach**te**.

Wann hast du Geburtstag? – **Am** siebzehn**ten** ach**ten**.

Das Pronomen

Pronomen vertreten Nomen:
Das ist Frau Schröder. Kennst du **sie**?
Der Computer geht nicht, **er** ist kaputt.
Wo ist das Foto? Ich finde **es** nicht.

Das Personalpronomen

Nominativ	Akkusativ	Dativ
ich	mich	mir
du	dich	dir
er	ihn	ihm
es	es	ihm
sie	sie	ihr
wir	uns	uns
ihr	euch	euch
sie/Sie	sie/Sie	ihnen/Ihnen

Das Fragepronomen

Wo	wohnen Sie?
Woher	kommen Sie?
Wohin	fliegen Sie?
Wie	heißen Sie?
Wie	alt ist er?
Wie viel	kostet das?
Wie viele	Plätze brauchen Sie?
Wann	fahren wir?
Warum	kommst du nicht mit?

welch-

	Singular			Plural
	Maskulin	Neutrum	Feminin	
Nominativ	welch**er** Anzug	welch**es** T-Shirt	welch**e** Krawatte	welch**e** Jeans
Akkusativ	welch**en** Anzug	welch**es** T-Shirt	welch**e** Krawatte	welch**e** Jeans

wer – was

	Personen	Sachen
Nominativ	**Wer** ist das?	**Was** ist das?
Akkusativ	**Wen** suchst du?	**Was** suchst du?
Dativ	**Wem** gehört das?	- - -

Diese Fragewörter haben keine Pluralformen:
Wer ist das? **Wer sind** die Leute dort?

Indefinitpronomen

Indefinitpronomen bezeichnen Personen oder Sachen.
Diese sind nicht genau definiert.

Personen

| man   jemand   niemand |

Was kann **man** da machen?
War **jemand** da? – Nein, **niemand**.
Kennst du hier **jemand(en)**? – Nein, **niemand(en)**.

Sachen

| alles   etwas   nichts |

Möchten Sie noch **etwas**? – Nein danke, **nichts mehr**, das ist **alles**.

Personen und Sachen

| alle   viele   einige   wenige |

Verstehst du die Fragen? – Ich verstehe **einige**, aber nicht **alle**.
Waren **viele** da? – Nein, nur **wenige**.

Der unbestimmte Artikel als Indefinitpronomen

	Singular			Plural
	Maskulin	Neutrum	Feminin	
Nominativ	ein**er**	ein**s**	ein**e**	welch**e**
	kein**er**	kein**s**	kein**e**	kein**e**
Akkusativ	ein**en**	ein**s**	ein**e**	welch**e**
	kein**en**	kein**s**	kein**e**	kein**e**

Ich suche einen Kellner. – Da kommt **einer**.
Ich nehme ein Bier. Möchten Sie auch **eins**?
Trinken Sie auch eine Limonade? – Ja, ich möchte auch **eine**.
Wir haben kein Auto, wir brauchen **keins**.

Im Plural gibt es keinen unbestimmten Artikel (Nullartikel):
Fotos, Menschen, Tage.
Hast du noch Zigaretten? – Ja, ich habe noch **welche**.

Das Demonstrativpronomen

	Singular			Plural
	Maskulin	Neutrum	Feminin	
Nominativ	dies**er** Anzug	dies**es** T-Shirt	dies**e** Krawatte	dies**e** Jeans
Akkusativ	dies**en** Anzug	dies**es** T-Shirt	dies**e** Krawatte	dies**e** Jeans

Welchen Rock möchtest du? – **Diesen**.
Welches T-Shirt nimmst du? – **Dieses**.
Diese Jeans hier gefallen mir.

Der bestimmte Artikel als Pronomen

Das ist ein toller Wagen. **Der** gefällt mir.
Kennst du ihren Freund? – Nein, **den** kenne ich nicht.
Brauchst du das Buch? – Nein, **das** brauche ich nicht.
Wie gefällt dir die Wohnung? – **Die** ist klasse.
Wo sind deine Eltern? – **Die** sind im Kino.

Das Possessivpronomen

Nominativ

	Singular Maskulin		Neutrum		Feminin		Plural	
ich	**mein**	Bruder	**mein**	Haus	**meine**	Schwester	**meine**	Sachen
du	**dein**	Bruder	**dein**	Haus	**deine**	Schwester	**deine**	Sachen
er/es	**sein**	Bruder	**sein**	Haus	**seine**	Schwester	**seine**	Sachen
sie	**ihr**	Bruder	**ihr**	Haus	**ihre**	Schwester	**ihre**	Sachen
wir	**unser**	Bruder	**unser**	Haus	**unsere**	Schwester	**unsere**	Sachen
ihr	**euer**	Bruder	**euer**	Haus	**eure**	Schwester	**eure**	Sachen
sie	**ihr**	Bruder	**ihr**	Haus	**ihre**	Schwester	**ihre**	Sachen
Sie	**Ihr**	Bruder	**Ihr**	Haus	**Ihre**	Schwester	**Ihre**	Sachen

Akkusativ

	Maskulin		Neutrum		Feminin		Plural	
ich	**meinen**	Bruder	**mein**	Haus	**meine**	Schwester	**meine**	Sachen
du	**deinen**	Bruder	**dein**	Haus	**deine**	Schwester	**deine**	Sachen
er/es	**seinen**	Bruder	**sein**	Haus	**seine**	Schwester	**seine**	Sachen
sie	**ihren**	Bruder	**ihr**	Haus	**ihre**	Schwester	**ihre**	Sachen
wir	**unseren**	Bruder	**unser**	Haus	**unsere**	Schwester	**unsere**	Sachen
ihr	**euren**	Bruder	**euer**	Haus	**eure**	Schwester	**eure**	Sachen
sie	**ihren**	Bruder	**ihr**	Haus	**ihre**	Schwester	**ihre**	Sachen
Sie	**Ihren**	Bruder	**Ihr**	Haus	**Ihre**	Schwester	**Ihre**	Sachen

Nur Maskulin Singular hat eine eigene Akkusativform.

eu~~e~~re: Wenn *euer-* eine Endung hat, entfällt das *-e*.

Präpositionen

> aus bei bis gegen in nach um von vor zu
> am (= an + Artikel)   im (= in + Artikel)

lokal

Er wohnt **in** Wien.   Ich fahre **nach** Bern.   Sie kommt **aus** Leipzig.
Ich arbeite **bei** VW.   Der Zug fährt **von** Stuttgart **nach** München.
Wir bleiben heute **zu** Hause.

temporal

Am Wochenende schlafe ich lange.   **Im** Herbst mache ich Urlaub, **im** Oktober.   Der Zug kommt **um** halb eins.   **Von** morgens **bis** abends.
Es war **gegen** zwei Uhr.   Es ist fünf **vor** zwölf.

Eine Präposition kann eine lokale und eine temporale Bedeutung haben:

Er wohnt **in** Bremen.
Wir kommen **in** zehn Minuten.

Fahren Sie **nach** Frankfurt?
Nach zwei Minuten habe ich wieder gefragt.

Konnektoren

Koordinierende Konnektoren / Konjunktionen

Konjunktionen verbinden Satzteile und Sätze.

> und   oder   sondern   aber   denn

Adam **und** Eva   Ich **oder** du?   Das ist schön, **aber** teuer.
Nicht ich, **sondern** du.   Ich möchte ins Kino, **aber** ich habe kein Geld.
Ich gehe nicht ins Kino, **denn** ich habe kein Geld.

Vor *aber, sondern, denn* steht ein Komma.
Vor *und, oder* steht kein Komma.

Subordinierende Konnektoren / Subjunktionen

Subjunktionen leiten einen Nebensatz ein.

weil wenn dass ob

Der Nebensatz mit *weil* gibt einen Grund an (Kausalsatz):
Warum (weshalb / wieso) kommst du nicht mit? – **Weil** ich keine Lust habe.

Der Nebensatz mit *wenn* gibt eine Bedingung / Kondition an:
Wann machst du das? – **Wenn** ich Zeit habe.

Der Nebensatz mit *dass* ist eine Ergänzung:
Es ist schön, **dass** du Zeit hast.
Ich weiß, **dass** er zu Hause ist.

Der Nebensatz mit *ob* stellt eine indirekte Entscheidungsfrage (*ja* oder *nein*?):
Ich weiß nicht, **ob** er kommt.

Adverbien

Lokaladverbien

hier dort rechts links

Temporaladverbien

Wie oft?

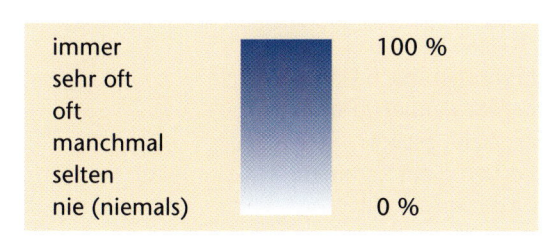

immer		100 %
sehr oft		
oft		
manchmal		
selten		
nie (niemals)		0 %

Immer am Sonntag = sonntags

morgens	sonntags
vormittags	montags
mittags	dienstags
nachmittags	mittwochs
abends	donnerstags
nachts	freitags
	samstags

Wann?

vorgestern	gestern	heute	morgen	übermorgen
vorhin	gerade	jetzt	gleich	nachher

Die Position von temporalen / lokalen Angaben

Ich	fahre	**morgen nach Berlin.**
Morgen	fahre	ich **nach Berlin.**
Nach Berlin	fahre	ich **morgen** nicht.

In einem Satz mit temporaler und lokaler Angabe steht die temporale Angabe normalerweise vor der lokalen Angabe.

Der Satz

Der Hauptsatz

	Position II	
Ich	fahre	morgen nach Hamburg.
Morgen	fahre	ich nach Hamburg.
Wann	fährst	du morgen nach Hamburg?
	Fährst	du morgen nach Hamburg?
Ich	habe	das nicht gesagt.
Sie	kann	morgen nicht kommen.
	Ruf	mich morgen an!

Der Fragesatz

	Position II		
W-Fragen (Alle Fragen beginnen mit einem W)			
Wo	wohnt	er?	
Was	machen	Sie?	
Wann	hat	er	das gesagt?
Entscheidungsfragen (ja/nein)			
	Studierst	du	in der Schweiz?
	Haben	Sie	das gehört?
	Kannst	du	morgen kommen?

Das konjugierte Verb steht immer in Position II.

Der Nebensatz

Wie der Hauptsatz haben Nebensätze Subjekt und Verb. Am Anfang des Nebensatzes steht eine Subjunktion. Das konjugierte Verb steht im Nebensatz immer am Ende.

Er kommt heute spät nach Hause.
Ich weiss, **dass** er heute spät nach Hause **kommt**.

Kausalsatz:

Er kann nicht kommen, **weil** er krank ist.

Auf die Frage, z.B. „Warum kommt er nicht?", genügt als Antwort der Nebensatz „Weil er krank ist."

Bedingungssatz:

Ich werde das tun, **wenn** ich Geld habe.

Ergänzung

Wir wissen, **dass** er jetzt zu Hause ist.

Indirekte Entscheidungsfrage:

Ich weiß noch nicht, **ob** er morgen ins Büro kommt.

Indirekter Fragesatz:

Weißt du, **wer** das ist?
Wissen Sie, **wie viel** das kostet?

Wortpositionen im Nebensatz

Das konjugierte Verb steht im Nebensatz immer am Satzende:

Habt ihr gehört, dass er krank **ist**?
Wisst ihr, warum sie das machen **will**?
Wir möchten wissen, warum ihr das gesagt **habt**.

Verben mit trennbaren Vorsilben sind im Nebensatz nicht getrennt:

Ich weiß, dass sie **zurückkommt**.
Ob er **mitmacht**, wissen wir nicht.

Nebensätze können am Anfang des ganzen Satzes stehen, zwischen Haupt- und Nebensatz steht ein Komma:

Position I	Position II	
Wenn ich Zeit habe,	besuche	ich dich.
Ich	besuche	dich, wenn ich Zeit habe.

Haupt- und Nebensatz

| | *Hauptsatz* | | | *Nebensatz* | |
Vorfeld	Position II		Endposition		Endposition
Sie	kann	nicht	kommen.		
Ich	habe	das	gehört.		
Wir	haben		gehört,	dass er kommen	will.
Wie	heißt	er?			
	Weißt	du,		wie er	heißt?
Ob er mitkommt,	weiß	ich nicht.			
Wann er kommt,	hat	er nicht	gesagt.		

Die Negation / Die Verneinung

nicht / kein-

Wohnen Sie hier? – Nein, ich wohne **nicht** hier.
Haben Sie eine Wohnung? – Nein, ich habe **keine** Wohnung.

noch ... nicht mehr / noch ein- ... kein- mehr

Können wir **noch** bleiben? – Nein, wir können **nicht mehr** bleiben.
Möchten Sie **noch etwas**? – Nein danke, **nichts mehr**.
Trinkst du **noch einen** Tee? – Nein danke, **keinen mehr**.

schon ... noch nicht / schon ein- ... noch kein-

Hast du **schon** gegessen? – Nein, **noch nicht**. / Ich habe **noch nicht** gegessen.
Habt ihr **schon ein** Zimmer gefunden? – Nein, wir haben **noch keins** (gefunden).
Kennen Sie hier **schon jemanden**? – Nein, **noch niemanden**.
Warst du **schon einmal** hier? – Nein, **noch nie**.

nicht / kein- ... Doch

Sind Sie **nicht** verheiratet? – **Doch**, ich bin verheiratet.
Habt ihr **keine** Kinder? – **Doch**, wir haben zwei Mädchen.

Negation von *müssen*:

Muss ich am Samstag ins Büro kommen? – Nein, das ist nicht nötig, Sie **brauchen nicht zu** kommen.
Muss ich das ganze Formular ausfüllen? – Nein, Sie **brauchen nur zu** unterschreiben. (Einschränkung)

Die Position von *nicht*

nicht steht am Satzende:

Er kommt	nicht.
Ich kenne das Hotel	nicht.
Warum kommst du	nicht?
Arbeitest du heute	nicht?

Das Verb hat eine trennbare Vorsilbe oder eine Ergänzung:

Bitte **ruf** mich	nicht **an**!
Der Zug **kommt**	nicht **aus Köln**.
Das **kostet**	nicht **viel**.
Das **ist**	nicht **teuer**.
Ich **fahre**	nicht **Ski**.

Das Prädikat hat zwei Teile:

Ich **habe** das	nicht **gehört**.
Hast du ihn	nicht **angerufen**?
Er **will** morgen	nicht **kommen**.

Das Prädikat hat zwei Teile und eine Ergänzung:

Das **hat**	nicht **viel gekostet**.
Er **ist** gestern	nicht **nach Köln gefahren**.
Ich **kann**	nicht **Auto fahren**.

Wortbildungen

Nomen + Nomen

der Bund	**die** Republik		→	**die** Bundesrepublik
die Stadt	**das** Zentrum		→	**das** Stadtzentrum
das Haus	**die** Tür		→	**die** Haustür
das Haus	die Tür	**der** Schlüssel	→	**der** Haustürschlüssel

Das letzte Nomen (das Grundwort) bestimmt den Artikel.

Verb + Nomen

parken	der Platz	→	der Parkplatz
halten	das Verbot	→	das Halteverbot

Adjektiv + Nomen

groß	die Stadt	→	die Großstadt
hoch	das Haus	→	das Hochhaus

trennbare Vorsilbe + Verb

zu	machen	→	zumachen
an	rufen	→	anrufen

untrennbare Vorsilbe + Verb

ver-	stehen	→	verstehen
be-	zahlen	→	bezahlen

Nomen + *-in*

der Lehrer	→	die Lehrerin
der Polizist	→	die Polizistin

Nomen + *-er*

die Politik	→	der Politiker
die Musik	→	der Musiker
die Arbeit	→	der Arbeiter

Verbstamm + *-er*

lesen	→	der Leser
fahren	→	der Fahrer
übersetzen	→	der Übersetzer

un- + Adjektiv

freundlich	→	unfreundlich
glücklich	→	unglücklich

Unregelmäßige Verben

Es sind alle unregelmäßigen Verben aus Band 1 aufgeführt, auch wenn das Partizip II im Unterricht noch nicht behandelt wurde.

Infinitiv	3. Person Präsens	Partizip II
abbiegen		abgebogen
abwaschen	wäscht … ab	abgewaschen
anfangen	fängt … an	angefangen
anrufen		angerufen
backen	bäckt	gebacken
beginnen		begonnen
bleiben		(ist) geblieben
denken		gedacht
dürfen	darf	gedurft
einladen	lädt … ein	eingeladen
einwerfen	wirft … ein	eingeworfen
essen	isst	gegessen
fahren	fährt	(ist) gefahren
finden		gefunden
fliegen		(ist) geflogen
geben	gibt	gegeben
gefallen	gefällt	gefallen
gehen		(ist) gegangen
halten	hält	gehalten
heißen		geheißen
helfen	hilft	geholfen
kennen		gekannt
klingen		geklungen
kommen		(ist) gekommen
können	kann	gekonnt

lassen	lässt		gelassen
laufen	läuft	(ist)	gelaufen
lesen	liest		gelesen
liegen			gelegen
mögen	mag		gemocht
müssen	muss		gemusst
nehmen	nimmt		genommen
reiten		(ist)	geritten
schlafen	schläft		geschlafen
schließen			geschlossen
schneiden			geschnitten
schreiben			geschrieben
sehen	sieht		gesehen
sein	ist	(ist)	gewesen
sitzen			gesessen
sprechen	spricht		gesprochen
springen		(ist)	gesprungen
stehen			gestanden
steigen		(ist)	gestiegen
tragen	trägt		getragen
treiben			getrieben
trinken			getrunken
tun			getan
vergessen	vergisst		vergessen
verlieren			verloren
werden	wird	(ist)	geworden
wissen	weiß		gewusst
wollen	will		gewollt

Bildquellen:

H.-P. Apelt, Mary L. Apelt, München (S. 11, 12, 14, 21, 28, 43, 45, 56, 60, 61 o., 64 u., 66, 68, 70, 71, 82, 85, 92, 93 o., 97, 104, 108, 118, 125, 132); Archiv für Kunst und Geschichte, Berlin (S. 31); Automobile Club of Southern California, Los Angeles/USA (S. 131); AV Studio Panetta, Stuttgart (S. 10 o.m./o.r./u.l.); Deutsche Bahn AG (S. 65 o.); aus: e.o. Plauen „Vater und Sohn", Gesamtausgabe, © Südverlag GmbH, Konstanz, 1982 (ren.), mit Genehmigung der Gesellschaft für Verlagswerte GmbH, CH-Kreuzlingen (S. 102); M. Glaboniat, A-Wien (S. 62 u.); Globus-Infografik, Hamburg (S. 115); Goethe-Institut (S. 67, 84); Vera Gräfingholt, Bonn (S. 23, 57, 63); Inter Nationes, Bonn (S. 55, 64 l.); Keystone, Hamburg (S. 83); aus: J.C. Corbeil, A. Archambault, PONS Bildwörterbuch, S. 426/427, Ernst Klett Verlag, Stuttgart (S. 86); KNSK, BBDO, Hamburg (S. 65 u.); Peer Koop, München (S. 123); Peggy Kujawa (S. 80); Lufthansa (S. 99); Münchner Verkehrs- und Tarifverbund (S. 69); Nürnberger Presse, Archiv (S. 13 m.); Österreich Werbung (S. 61 u./Bartl, 112); Fritz Preßmar, in: Film- und Medienstadt München. Hrsg. Siegfried Hummel, Kulturreferat Landeshauptstadt München, 1997 (S. 78); Franz Reith, Ampermoching (S. 77); Lilo Saur, München (S. 16); Siemens-Pressebild, München (S. 10 o.l./u.r., 53, 116, 124); Tjalf Sparnaay, NL-Amsterdam (S. 129); Cod. Sang. 23, S. 135, Stiftsbibliothek, CH-St. Gallen (S. 20); Stiftung Deutsche Kinemathek, Berlin (S. 79); Norbert Rzepka (Steffi Graf), dpa (Bert Brecht, Josepf Beuys), teutopress (Werner Herzog), Waldemar Hauschild (Willy Brandt), amw 187/Pladeck (Alp-hornbläser): Süddeutscher Verlag Bilderdienst, München (S. 13, 88); Marc Trautmann, Tushita, Duisburg (S. 103); Ralf G. Succo, Ullstein Bilderdienst, Berlin (S. 89); VG Bild-Kunst, Bonn 1998 (S. 68 u., 93, 94); VW, Wolfsburg (S. 19); Jenner Zimmermann, München (S. 50, 113).

o. = oben, u. = unten, r. = rechts, l. = links, m. = Mitte

Textquellen:

„Konzerte", aus: München im September 1997, Fremdenverkehrsamt München (S. 90); „Traumberufe der Jugend", nach: Schaubild 1114, Globus-Infografik, Hamburg (S. 115); „Maifest", aus dem gleichnamigen Gedicht von J.W. Goethe (S. 104); Textauszüge „Arzt", „Mensch", „Demokratie" aus: Langenscheidts Großwörterbuch Deutsch als Fremdsprache, 1993, 1998 Langenscheidt KG, Berlin und München (S. 26, 44, 83); „My own song", aus: Ernst Jandl, Werke in 10 Bänden, hg. von Klaus Siblewski, 1997 Luchterhand Literaturverlag GmbH, München (S. 117); Helene Spodynek: „Mein Arbeitstag sieht so aus!", aus: Lesebuch 4: Texte zu einem schönen Wort und seiner Wirklichkeit: Freizeit (S. 100); „Schwächen", aus: Bertolt Brecht, Gesammelte Werke, Suhrkamp Verlag, Frankfurt am Main 1967 (S. 55); „Kinderzählreim", Volksgut (S. 46); „Heut kommt der Hans nach Haus!", Volksweise aus Bayern (S. 108); Emil Weber: „Fritzens Familie" (S. 32).

Wir haben uns bemüht alle Inhaber von Text- und Bildrechten ausfindig zu machen. Sollten Rechteinhaber hier nicht aufgeführt sein, so wären wir für entsprechende Hinweise dankbar.